数字经济
赋能经济高质量发展

Digital Economy Enables High-quality Economic Development

茹少峰　张　青——— 著

人民出版社

目　　录

第一章　数字经济发展的逻辑、机制与路径 ………………… 1

　　第一节　我国数字经济发展的现状分析 …………………… 1

　　第二节　数字经济的内涵辨析和特征分析 ……………… 9

　　第三节　数字经济的构成与内在逻辑框架 ……………… 14

　　第四节　数字经济驱动经济高质量发展的逻辑 ………… 16

　　第五节　数字经济驱动经济高质量发展的机制 ………… 19

　　第六节　数字经济驱动经济高质量发展的路径 ………… 25

第二章　人工智能赋能经济高质量发展的机理与对策 ……… 30

　　第一节　人工智能产生创新、培育高端生产要素 ……… 31

　　第二节　人工智能提升分配效率、影响分配结构 ……… 35

　　第三节　人工智能优化交换模式、推进"一带一路"建设和发展 … 39

　　第四节　人工智能催生消费高级化、提升教育和医疗服务质量 …… 43

　　第五节　人工智能赋能经济高质量发展的对策 ………… 46

第三章　数字经济提升潜在经济增长率的机制与路径 ……… 49

　　第一节　数字经济影响潜在经济增长率的理论机制 …… 51

第二节 数字经济推动潜在经济增长率的路径 ·················· 64

第三节 数字经济对中国潜在经济增长率的贡献 ·············· 67

第四节 数字经济提升潜在经济增长率的实践启示 ·········· 89

第四章 数字经济与实体经济融合发展的机理与路径 ········ 92

第一节 数字经济与实体经济融合发展现状与挑战 ·········· 93

第二节 数字经济与实体经济融合发展的内在机理 ·········· 97

第三节 数字经济与实体经济融合发展的实现路径 ········· 100

第五章 城市数字经济发展体系与对策 ························· 103

第一节 完善城市数字经济发展的产业体系 ·············· 103

第二节 优化城市数字经济发展的环境体系 ·············· 107

第三节 构筑城市数字经济发展的治理体系 ·············· 110

第四节 助力城市数字经济发展的对策 ·················· 112

第六章 企业数字化转型发展机制与路径 ····················· 114

第一节 企业数字化转型发展的机制分析 ················ 114

第二节 企业数字化转型发展的路径 ···················· 119

第三节 企业数字化转型发展的支持体系 ················ 123

第七章 数字经济提升我国现代服务业发展潜力研究 ········· 127

第一节 数字经济提升现代服务业发展潜力的理论阐释 ······ 130

第二节 数字经济提升现代服务业发展潜力的实证分析 ······ 138

第三节 数字经济提升现代服务业发展潜力的机制与政策路径 ··· 158

第八章 基于大数据的经济高质量发展评价与短期预测 ········· 165

第一节 经济高质量发展的研究动态 ···················· 167

第二节　经济高质量发展评价预测的理论与方法 …………… 174

第三节　中国经济高质量发展的评价 ……………………… 181

第四节　中国经济高质量发展的预测 ……………………… 200

第五节　研究结论与政策方向 ……………………………… 202

参考文献 ……………………………………………………… 208

后　记 ………………………………………………………… 221

第一章　数字经济发展的逻辑、机制与路径

第一节　我国数字经济发展的现状分析

一、数字基础设施建设不断完善

（一）传统数字基础设施建设现状

官方机构多用互联网普及率、域名数量、网站数量、移动宽带普及率、宽带网络平均下载速率等指标评价传统数字基础设施水平。据中国互联网络信息中心（China Internet Network Information Center，CNNIC）统计数据[①]，截至 2021 年 12 月，中国互联网普及率达 73.0%，较 2020 年 12 月提升 2.6%；我国域名总数为 3593 万个，其中".CN"域名数量为 2041 万个，占我国域名总数的 56.8%。根据宽带发展联盟统计数据[②]，截至 2020 年年底，中国移动宽带

[①]　数据来源：中国互联网络信息中心发布的第 49 次《中国互联网络发展状况统计报告》。
[②]　数据来源：宽带发展联盟发布的《中国宽带速率状况报告（第 26 期）》和《中国宽带普及报告（第 11 期）》。

普及率达到108%;2021年第四季度,中国固定宽带网络平均下载速率为62.55Mbit/s,比2020年同期提高了9.2Mbit/s;移动宽带用户使用4G(4th Generation Mobile Communication Technology)和5G(5th Generation Mobile Communication Technology)网络访问互联网时的平均下载速率达到59.34Mbit/s,比2020年同期提高了25.57%。

(二)新型数字基础设施建设现状

新型数字基础设施分为三个方面:一是由5G、工业互联网、物联网等技术构成的信息基础设施;二是由深度应用互联网、人工智能、大数据等技术构成的融合基础设施;三是由支撑科学研究、技术研发、产品研制等构成的创新基础设施。据国家工业信息安全发展研究中心统计数据显示[1],截至2020年3月,中国已建成5G基站19.8万个,2000多万个5G终端连接5G网络;中国电信、华为等企业在佛山、重庆、广州、合肥等地建设多个大数据中心,2017—2020年,数据中心市场投资规模增速约30%,2019年超过1000亿元。

二、数字经济规模持续提升

当前,我国数字经济发展迅速,数字经济规模不断扩大。"十三五"时期,在我国经济面临下行压力的背景下,数字经济依然保持着良好的增长势头。尤其在2020年受到新冠肺炎疫情的严重冲击下,数字经济增长活力依旧。

---

[1] 国家工业信息安全发展研究中心2020年5月发布的《我国数字基础设施建设现状及推进措施研究》。

（单位：万亿元）　　　　　　　　　　　　　　　　　　（单位：%）

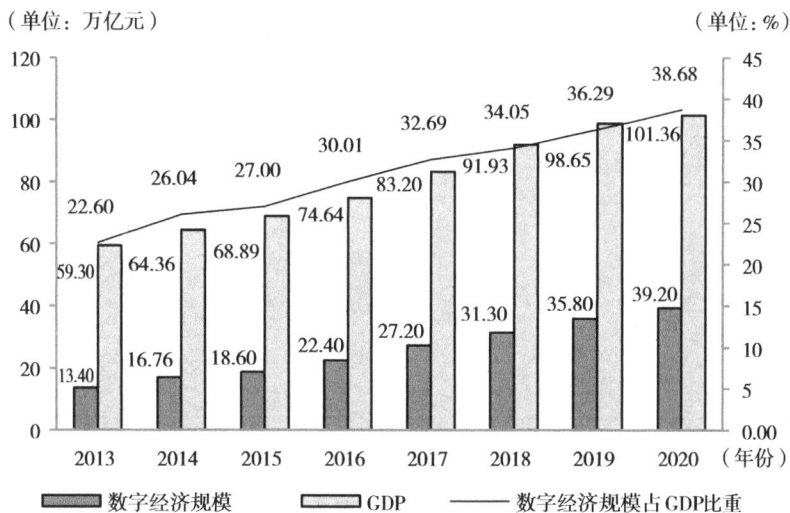

图1-1　2013—2020年中国数字经济规模、GDP及数字经济规模占GDP比重

资料来源：中国信通院：《数字经济发展白皮书2021》。

从图1-1可以看出，2013年，我国数字经济规模仅为13.40万亿元，占国内生产总值的22.60%；2020年，数字经济规模扩大至39.20万亿元，占国内生产总值比重增加为38.68%，数字经济在国民经济发展中的地位愈加突出。

三、数字经济增长速度波动性较大

从图1-2可以看出，2014—2020年，数字经济和国内生产总值增长速度趋势保持一致，整体均呈现波动性下降。但数字经济增长速度一直高于国内生产总值的增长速度，说明在国内经济增长速度放缓的发展背景下，数字经济成为驱动经济增长的新动能，因此，我国要把握数字经济发展机遇，通过数字经济加快实现经济高质量发展。

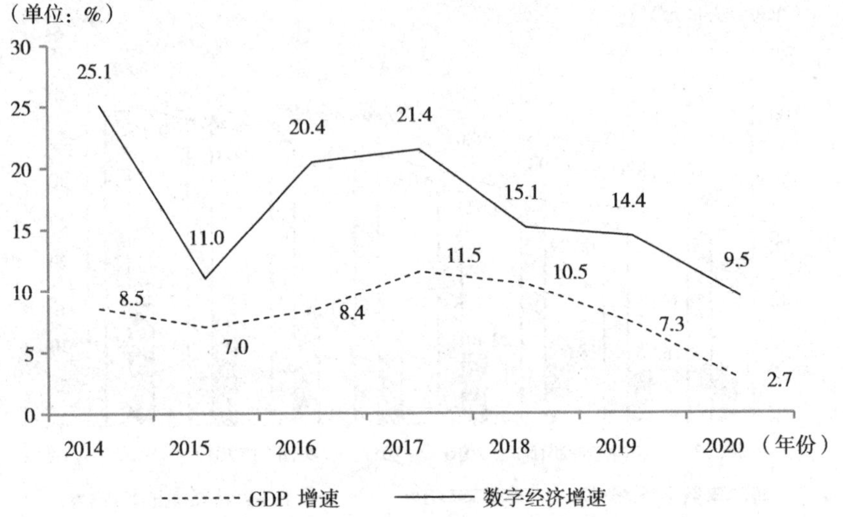

（单位：%）

图 1-2　2014—2020 年中国数字经济增速与 GDP 增速

注：资料来源于中国信通院发布的《数字经济发展白皮书 2021》。

四、数字经济结构不断优化

（一）数字产业化发展水平

第一，数字产业化规模不断增加，占数字经济比重逐年下降。从图 1-3 可以看出，2016—2020 年，我国数字产业化规模逐年增加，从 2016 年的 5.2 万亿元增加到 2020 年的 7.5 万亿元；但增长速度呈现波动性下降趋势，说明产业数字化发展水平趋于稳定。此外，数字产业化规模占数字经济比重逐年下降，说明数字技术正向更深层次、更广领域发展，数字技术将对传统产业的带动作用进一步增强。

第二，数字产业化内部结构持续优化。数字产业作为数字经济的先导行业，为数字经济发展提供技术、产品、服务和解决方案等。数字产业主要包括电子信息制造业、电信业、软件和信息技术

（单位：万亿元）

（单位：%）

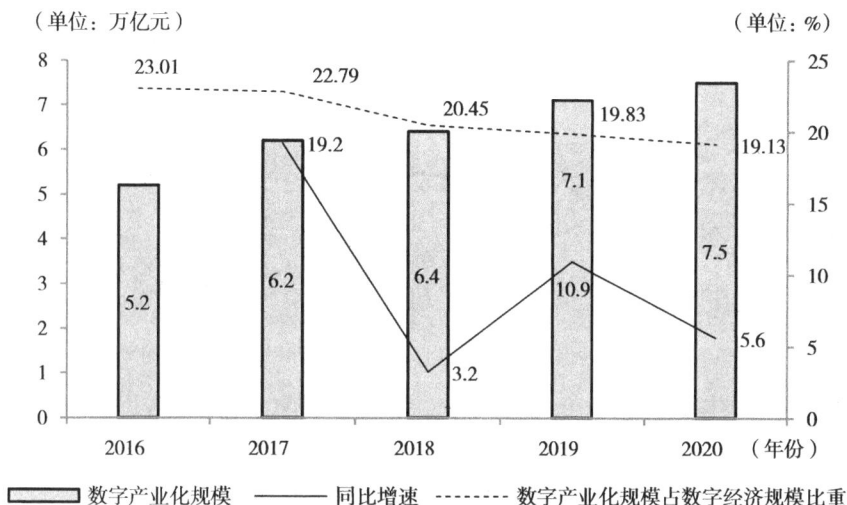

图1-3 2016—2020年中国数字产业化规模、增速及数字
产业化规模占数字经济规模比重

注：资料来源于中国信通院发布的《数字经济发展白皮书2021》。

服务业、互联网行业等。2021年1—9月，规模以上电子信息制造业增加值同比增长16.8%，增速比2018年同期提高9.6个百分点。2020年，我国电信业务收入1.36万亿元，与2019年相比增长了3.6%；软件业实现业务收入81616亿元，同比增长13.3%；规模以上互联网和相关服务企业实现业务收入12838亿元，同比增长12.5%。

（二）产业数字化发展水平

第一，产业数字化规模不断增加，占数字经济比重逐步提高。从图1-4可以看出，2016—2020年，我国产业数字化规模逐年增加，从2016年的17.4万亿元增加到2020年的31.7万亿元；但增长速度逐年下降，说明产业数字化发展水平趋于稳定。此外，产业数字化规模占数字经济规模比重呈逐年上升趋势，说明产业数字

（单位：万亿元）   （单位：%）

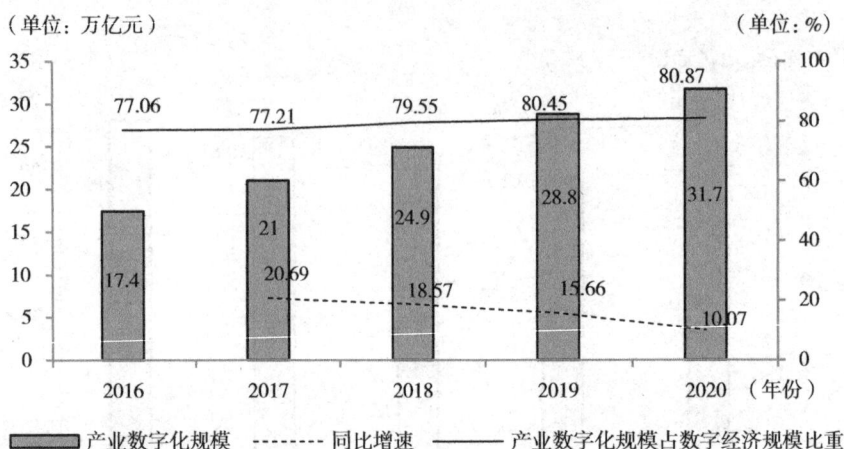

图 1-4　2016—2020 年中国产业数字化规模、同比增速及产业
数字化规模占数字经济规模比重

注：资料来源于中国信通院发布的《数字经济发展白皮书 2021》。

化在数字经济发展中占据重要位置。

　　第二，数字经济在三次产业中持续渗透。近年来，我国积极推动产业数字化转型，数字技术与产业融合应用以及供给侧结构性改革不断深化，形成产业数字化生产力。

（单位：%）

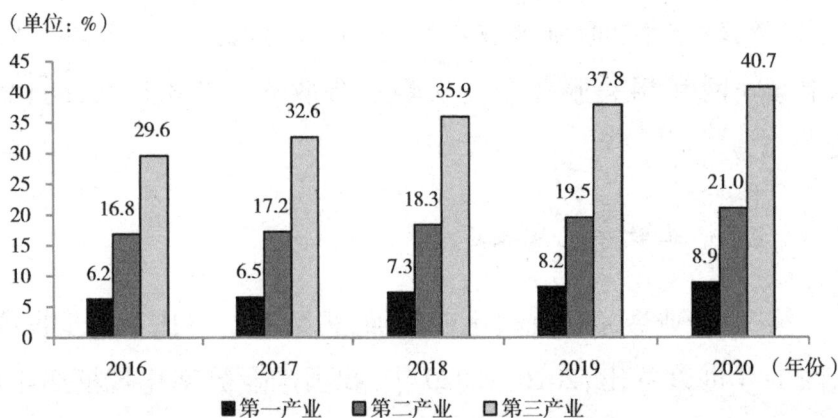

图 1-5　2016—2020 年中国数字经济在三次产业中的渗透率

注：资料来源于中国信通院发布的《数字经济发展白皮书 2021》。

从图 1-5 中可以看出,2016 年我国农业、工业和服务业三个产业数字技术渗透率分别为 6.2%、16.8% 和 29.6%;2020 年我国农业、工业和服务业三个产业数字技术渗透率分别达到了 8.9%、21.0% 和 40.7%。2016—2020 年,数字经济在我国三次产业中的渗透率均呈现逐年递增趋势,且三次产业渗透率大小分别为"第三产业>第二产业>第一产业",数字经济与实体经济融合的不断深入,有利于进一步加快产业数字化转型。

五、数字经济引领地方经济发展

(一)各地区数字经济规模

经济发展水平高的地区,数字经济规模也较大。从总量来看,2020 年,数字经济规模超过 1 万亿元的地区包括广东省、江苏省、山东省、浙江省、上海市、北京市、福建省、湖北省、四川省、河南省、河北省、湖南省和安徽省共 13 个省份;数字经济规模超过 5000 亿元的省份包括重庆市、辽宁省、江西省、陕西省、广西壮族自治区、天津市、云南省和贵州省共 8 个省份。从占比来看,北京市和上海市数字经济规模占 GDP 比重最大,分别为 55.9% 和 55.1%,远高于全国数字经济规模占 GDP 比重的 38.6%。从增长速度来看,2020 年贵州省、重庆市和福建省三个地区数字经济增速位列全国前三名,均超过 15%,其余地区数字经济规模增速均在 5% 以上。

(二)数字经济赋能区域协同发展

第一,数字经济赋能京津冀一体化协同发展。从整体数字经济发展水平看,京津冀地区 13 个城市平均得分为 59.7 分;从城市数字经济指数维度上看,北京市保持数字一线城市位置,天津市、石家庄市保持数字新一线城市位置,另有 8 个数字二线城市和 2 个数字三线城市①。从数字经济赋能京津冀一体化协同发展路径看,主要包括产业协同互补、治理互联互通、空间下探延伸、环保协同共治四个方面。一是产业协同互补,京津冀正充分发挥各自优势,带动创新链、产业链、供应链协同创新,打造"北京突破—天津转化—河北承接"的高精尖产业发展新高地。二是治理互联互通,京津冀地区正不断提升新型基础设施建设水平,加强数据资源汇聚,有序开展数据共享开放工程,全面提升城市治理和民生服务水平。三是空间下探延伸,京津冀区县数字经济发展呈现出三大模式:高新区走产城创新融合发展路线,城区走深度一体化发展路线,县市走新型城乡一体化发展路线,重点发展数字乡村和县域经济。四是环保协同共治,京津冀三地应用物联网、大数据、人工智能等技术,通过立体监测、智能预警、数据共享和平台协作,实现大气、水污染的联防联治,共同守卫碧水蓝天。

第二,数字经济赋能长三角地区协同发展。2020 年,长三角数字经济规模为 10.83 万亿元,比 2019 年高 2.23 万亿元,占到长三角地区 GDP 规模总量的 44.26%,比 2019 年高 3.26%②。长三角数字经济发展模式多元,既体现了区域内部发展联动,又服务于区域整体战略定位。长三角电子信息产业梯度转移和皖北"6+2+N"梯度转移承接平台表现为梯度转移发展模式;上海工业互联网和浙江电子商务产业发展表现为产业飞地发展模式;上海人工智

---

① 数据来源:新华三集团数字经济研究院发布的《京津冀城市数字经济指数蓝皮书(2020)》。
② 数据来源:中国信息通信研究院发布的《长三角数字经济发展报告(2020)》。

能产业及南京软件和信息服务产业表现为点轴联动发展模式;合肥和苏州以板块协同发展模式积极布局数字经济产业;长三角地区大数据交易中心和城市数字化治理呈现出区域极核发展模式。这些多元化发展模式为其他区域协同发展提供了可复制、可推广的经验参考,有助于解决区域数字经济发展不平衡不充分问题。

第二节　数字经济的内涵辨析和特征分析

一、数字经济的内涵辨析

随着大数据、物联网、人工智能、云计算等新一代信息技术的发展及其在社会经济中深度融合应用,数字经济的边界范围也有较大变化,对数字经济的认识也不断深化,归纳总结对数字经济的定义有四种方式。

一是简单定义。1996 年,唐·泰普斯科特(Don Tapscott)在其所著的《数字经济:网络智能时代的前景与风险》(*The Digital Economy: Promise and Peril in the Age of Networked Intelligence*)中首次提出"数字经济"的概念。该时期对数字经济的定义多停留在对电子商务发展等现象的描述,未涉及数字技术、数据生产要素等概念,也没有提及产业结构变化,因此可以认为是简单的数字经济的定义。

二是依据数字经济特征进行定义。采用这一方式定义的典型代表是二十国集团(G20)、中国信息通信研究院以及中国国家统计局。二十国集团(2016)在《二十国集团数字经济发展与合作倡议》中将数字经济定义为,"以使用数字化的知识和信息作为关键生产要素、以现代信息网络作为重要载体、以信息通信技术的有效使用作为效率提升和经济结构优化的重要推动力的一系列经济活动"。中国信息通信研究院（CAICT,2020）认为，"数字经济是以数字化的知识和信息作为关键生产要素，以数字技术为核心驱动力量，以现代信息网络为重要载体，通过数字技术与实体经济深度融合，不断提高经济社会的数字化、网络化、智能化水平，加速重构经济发展与治理模式的新型经济形态"。中国国家统计局（2021）将数字经济定义为，"以数据资源作为关键生产要素、以现代信息网络作为重要载体、以信息通信技术的有效使用作为效率提升和经济结构优化的重要推动力的一系列经济活动"。这类定义均指出数字经济时代的主要生产要素是数据而非土地、劳动力和资本等传统生产要素，强调了数字技术是数字经济的驱动力，数字技术从根本上改变经济系统的技术基础、运行效率、组织模式、生产和交易方式等，但是数字经济的机制特点没有包含其中。

三是依据数字经济构成进行定义。英国学者朗玛娜·伯克特（Rumana Bukht）和理查德·希克斯（Richard Heeks）在 2017 年指出数字经济由数字领域、数字经济和数字化经济三个层次构成；联合国贸易和发展会议（UNCTAD,2019）同样指出数字经济包含数字部门（IT/ICT）、数字经济（数字服务、平台经济）和数字化经济（电子商务、工业 4.0、算法经济）；英国统计局（2015）认为数字经济是电子商务和由硬件、软件、电信三个部分构成的支撑基础设施的集合；美国商务部经济分析局（BEA,2019）提出数字经济应包含三个部分内容：数字基础设施、电子商务和数字服务；国家统计局（2021）发布《数字经济及其核心产业统计分类》文件，将数字经济核算范围界定为数字产业化与产业数字化。此类定义突出数字经济的核算范畴,主要是为数字经济计算提供理论支持。

四是依据数字经济演变进行定义。陈晓红等认为包括数据要素在内的数字化信息是数字经济的核心资源,互联网平台是数字经济的主要信息载体,数字技术创新驱动是数字经济的动力,新模式和业态是数字经济的主要表现形式。根据该定义,数字经济的内涵包含四个核心内容:一是数字化信息;二是互联网平台;三是数字化技术,如人工智能、区块链、云计算、大数据等;四是数字技术与实体经济融合产生的新经济模式和业态。杨青峰和李晓华认为,数字经济是以智能技术群为核心驱动力、以网络连接为基础、以数据为生产要素,具有技术经济范式转换内涵的各种经济活动的综合。该定义指出了数字经济与传统经济的区别不仅仅是驱动力、基础条件、生产要素等局部领域的不同,而是新旧技术经济范式的根本差异,从本质上重新对数字经济进行定义。

综合考虑以上各类定义的优缺点,本章给出数字经济的定义:数字经济是以计算机软硬件产业和通信产业为支撑,以数字经济战略和规划为指导,以网络连接为核心,以数据为生产要素,以数据新价值挖掘技术群为关键驱动力,具有复杂经济系统特点,是数字技术引起经济结构和运行模式变化的各种经济活动的新形态。

二、数字经济的特征分析

数字经济是以信息技术为核心的新经济形态,数字经济的出现对经济增长结构产生了巨大冲击,使社会经济形态发生了重大变革。与传统经济形态相比,数字经济具有以下三个特点:一是数字经济通过科技创新和知识积累对经济增长率产生作用;二是数字经济会利用大数据、互联网、计算机等智能化工具,对劳动生产率产生正向促进作用;三是数字经济使人们从传统追求数量的物质品消费转移到了追求质量的信息化服务消费。总而言之,在数字经济背景下,经济增长的动力来源已从资本投入、劳动投入转为创新投入和知识积累,数字经济会通过技术创新发展、经济全球化、知识溢出效应以及资源配置效率对经济增长率产生推动作用。数字经济对经济增长率的作用体现在以下几个方面。

第一,数字经济会提高创新水平。数字经济会通过提升技术水平,提高全要素生产率,从而提升经济增长率。内生经济增长理论认为外部因素和内部因素都会促进经济增长,外部因素包括经济环境、政治法律环境、宏观经济政策等,内部因素主要指影响经济增长的内生变量,如资本投入、劳动投入、技术水平等。目前,经济已进入数字经济时代,技术创新将代替资本和劳动成为经济增长的新动力、新引擎,且随着网络技术的发展,技术促进经济增长已经被纳入增长模型中,技术对经济增长的贡献作用得以充分发挥。内生经济增长理论认为,在没有外力推动的作用下,经济能够自主实现持续增长,而这正是来源于技术进步的内生性,即技术进步已经内生于生产函数中,对经济增长产生作用。肯尼斯·阿罗(Kenneth Arrow)在 1962 年提出技术进步促进经济增长的作用机制,即技术进步会通过干中学和知识外溢提高经济增长率。而在数字经济发展背景下,这两种效应体现得更加明显,互联网加速了企业的学习效率,企业在生产产品与提供服务的同时也在积累经验,从经验中获得知识,有助于企业提高生产效率并增加知识总量。同时,数字经济也提高了知识传递效率,由于互联网、区块链、大数据的发展,数据将更轻易地实现实时共享,企业只需通过数据传输便可进行远距离实时交互,不需要面对面的交流,知识的溢出效应将更加明显。综上所述,数字经济改变了要素投入的质量与效率,变革了生产方式,提高了产出效率,已成为经济增长的动力源泉。

第二,数字经济使资本投入具有溢出效应。传统的投入要素例如土地投入、劳动投入等,在投入数量到达一定界限的时候,会导致规模报酬递减。而数字经济背景下技术资本投入并不会带来规模报酬递减,因为技术投入不是通过优化劳动—资本投入比提高劳动生产率,而是通过提升效率以及信息知识的积累来提高劳动生产率,技术投入会积累创新和信息知识,从而突破规模报酬递减规律,提升生产率,进而促进经济增长。

第三,数字经济会提高生产要素配置效率。随着信息技术产业的发展,劳动力将被人工智能替代,生产的固定成本成为主要生产成本,随生产规模扩大生产边际成本趋向零成本,其零边际成本的特点优化了要素投入结构,提高了生产要素配置效率。例如无人机、区块链等技术的应用,有助于实现资源与数据的共享,减少了信息流通成本,增加了生产与管理效率,有助于提高整个产业体系的生产效率和竞争力,从而对提升经济潜在增长率产生显著作用。

综上所述,数字经济会从以下四个方面对经济增长产生作用:一是数字经济通过信息技术提高了创新水平,对劳动生产率产生影响,从而提高经济增长水平;二是数字经济会促进传统产业转型升级,使三次产业占比更加合理化、高级化,优化产业结构,推动第一、第二产业向第三产业转移,推动服务业的发展;三是数字经济通过降低企业生产成本,提高企业生产效率,从而提高潜在产出;四是数字经济会提高生产集约化水平。数字经济通过提高技术创新水平对经济增长的贡献率,促使经济与科技水平深度融合,使资本要素投入更富含科技含量,使劳动要素投入有更高的知识水平和质量,促进了生产集约化,从而促进经济增长。

第三节 数字经济的构成与内在逻辑框架

针对数字经济驱动经济高质量发展的内在逻辑的研究,大部分学者是从数字经济的内涵、特征和效应展开分析,主要采用新古典经济学理论,使用效率成本以及利润模式来分析,认为在企业层面形成了范围经济与规模经济,导致了新的盈利模式,在中观层面加快了产业组织模式变革和产业结构转型升级,宏观层面优化了资源配置方式;也有小部分学者从数字技术角度分析,其理论依据是布莱恩·阿瑟(Brian Arthur)的复杂经济学理论,基本观点认为经济就是技术进步的结果,又调节着新技术的创造;最具代表性的是克里斯·弗里曼(Chris Freeman)和卡萝塔·佩雷兹(Carlota Perez)使用"技术—经济范式"描述技术进步引发的经济结构变革从而形成新经济格局的过程。也有学者从经济制度角度分析,新制度经济学家道格拉斯·诺斯(Douglass North)认为技术进步和制度存在紧密联系,技术进步是由激励制度决定的,数字经济的形成离不开制度的作用。基于上述观点,本章认为,数字经济驱动经济高质量发展的内在逻辑是多个因素形成合力的结果,而且要厘清数字经济的逻辑,应该先厘清数字经济多个因素的构成和产生新价值的过程。

本章提出的数字经济构成与内在逻辑框架如图1-6所示,第

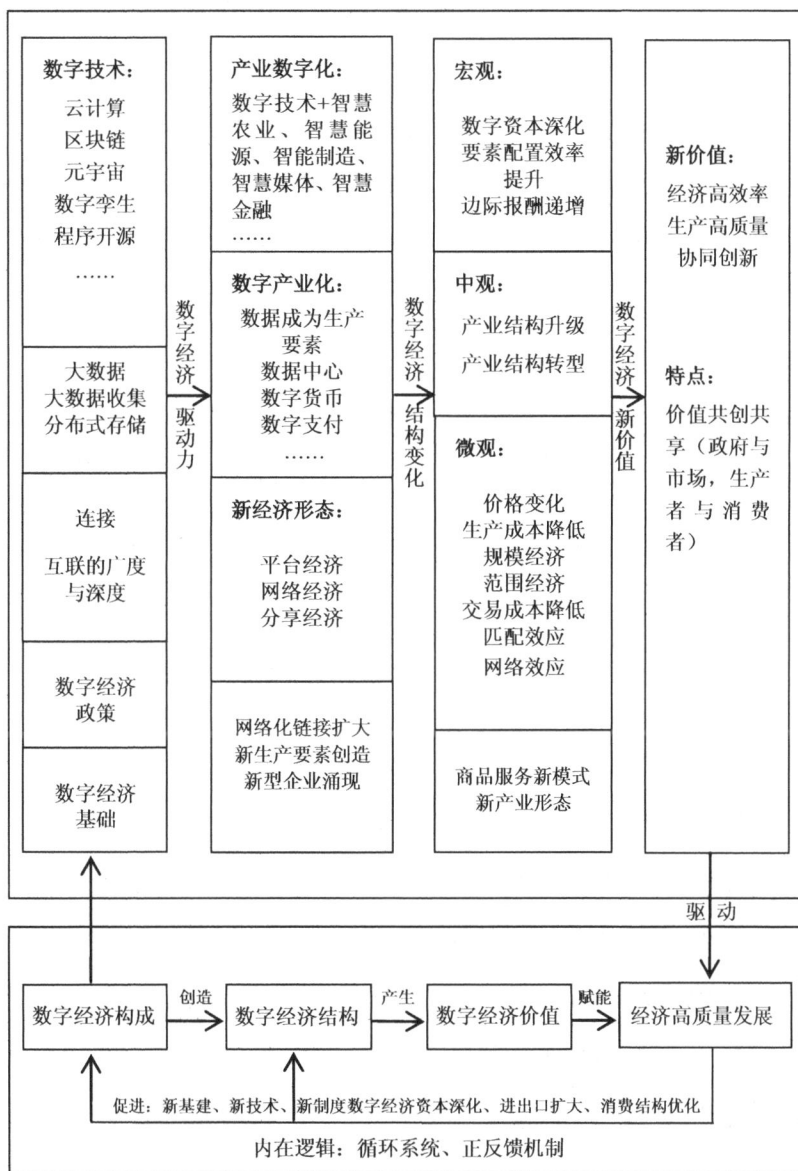

图1-6　数字经济的构成和内在逻辑框架

一列由五部分组成:第一部分是计算机硬件、软件产业和通信产业为支撑的基础设施部分;第二部分是数字经济发展的战略、规划与政策;第三部分是以信息传递与共享的互联网链接技术;第四部分是数据资源形成的新生产要素,第五部分是数据新价值的挖掘技术,包括云计算、区块链、元宇宙、数字孪生等,这五部分重塑了新的商业模式、经济运行模式,构建了新经济结构和社会形态。在这五部分中,核心部分是由万物互联的"链接"产生大数据,"链接"是数字经济的最本质特征,通过信息共享带来了资源共享,产生了时效,成本和新价值效应。再由大数据产生一系列技术创新活动,进而驱动经济高质量发展。而"链接"产生的基础就是计算机产业和通信产业,如果没有数字基础设施,万物之间就难以形成"连接"关系;就不会产生新生产要素大数据,也就难以挖掘数据中的核心价值。

第四节　数字经济驱动经济高质量发展的逻辑

数字经济驱动高质量发展的逻辑主要体现在以下三个层面:

一是在宏观经济层面优化了资源配置方式,提高资源使用效率。数字经济加快生产要素的流动和共享,当前,我国在生产、分配、流通、消费环节仍存在生产要素市场化体制机制障碍,资源配置效率低下、要素横向与纵向自由流动面临壁垒等问题,数字经济缓解了生产要素的"流动壁垒"问题。数据与技术、资本、劳动力等传统生产要素的结合,催生出人工智能"新技术"、数字金融"新资本"、智能机器人"新劳动力",被数字化的生产要素流动更加便捷。新生产要素与传统产业深度融合产生在线教育、互联网医院、远程会议等新模式、新业态,提高了资源配置效率。

数字经济加快了数字政府建设,实现了政府公共数据的自由流动和共享,同时消费者和供给者的信息也以数据形式在网络空间中流动。政府可以借助数据信息制定更加合理、针对性的政策规划,消费信息和供给信息的共享提高了消费者效用和生产者生产效率。

二是在产业层面推动产业组织模式变革和产业结构的转型升级,加快了新产业组织成长和产业融合。一方面,出现了以网络平台为核心的新型产业组织模式。互联网技术将各类社会资源虚拟集聚在规模更大、更加开放的网络平台上,改变了传统的组织方式、生产要素、驱动力等,加快了制造业数字化转型和全新价值链的形成,促进了大规模的产业协作。另一方面,加快了产业融合。新一代数字技术呈现出高渗透性特点,使数字技术服务业加快向其他产业渗透,推动三大产业的高度融合,从而产生规模报酬递增效应。数字经济的本质是信息化经济,是融合的经济,数字经济的融合效应加快了数字经济与实体经济融合,通过提高生产、交换、分配和消费环节的效率和成本的降低产生增长效应。

数字技术催生数字产业化和产业数字化,带来新的生产力。数字技术呈现出促进连通性、提高匹配性、累积增值性、外部经济性等特征,推动了数字产业化和产业数字化的发展,数据作为新的生产要素为产业发展带来了新生产力,包括数字技术产业化和数字技术与传统产业中创造的融合。一方面,数字技术产业化有助于催生新业态、新模式,是提升数字技术产业在全球价值链地位的重要推动力量。另一方面,由于数字技术具有创新性、渗透性和带动性等特性,能够加速与传统产业的渗透融合,有助于传统产业转型升级。数字技术在农业领域的渗透,可以为农业种植提供数字化的种植技术和农药化肥使用剂量指导、农产品生产管理和销售管理指导,在提高农业种植效率、农产品加工效率、减少农残和环境污染的同时,实现质量可追溯和良好市场信誉等;数字技术在工业领域的渗透可以帮助企业灵敏捕捉客户对产品的需求,工业互联网实现了工业企业的智能化运营。数字技术加快传统服务业中的金融服务、物流服务、销售服务等向数字金融、智慧物流、电子商务等新业态、新模式升级。

三是企业层面形成了新的盈利模式,拓宽了范围经济,使规模经济和范围经济相结合。传统企业的利润决定因素由数量、成本和价格构成。数字经济变革了传统企业的盈利模式,通过拓宽范围经济与规模经济效应,增加了企业的利润来源。一方面,数字经济拓宽了范围经济效应,传统范围经济更多由关联性较强的产品销售产生,数字经济则降低了关联性,拓宽了范围经济的产生范围;另一方面,数字经济实现了范围经济与规模经济的结合,数字经济的互联互通特点扩大了企业市场规模,市场规模的扩大又带动生产规模扩大,实现了范围经济与规模经济相结合,从而加快形成多元化的盈利模式。数字经济扩大了企业规模,扩展了企业的市场范围,企业之间的联系变得更加紧密。

数字技术催生数字化基础平台,带来新的生产要素。数字化基础平台呈现出全空域、全流程、全场景、全解析和全价值五大特征。全空域是指打破时间和空间障碍,将经济活动中的所有主体要素都以数据形式连为一体;全流程是指将关系到人类生产、生活流程中的每一个节点产生的信息都以数据形式收集和存储;全场景是指打通生产、生活场景,跨越行业界限,实现各行业之间的信息互动;全解析是指借助大数据技术的信息收集和处理能力,人工智能的分析、判断和预测能力,通过数据采集、数据流转、数据交易等将数据价值化,产生全新认知、全新行为和全新价值;全价值是指打破单一价值链的封闭性,将不同价值体系整合,并创造更庞大的价值体系。数字化基础平台统一了产业数字化和数字产业化的公共基础部分,产生了数据这一新的生产要素,从而构成数字经济发展的底座。从经济结构的角度来看,相较于传统部门化的基础设施,数字化基础平台已经发生了明显的变化。数字经济的基础平台是一个横向分层,为新业态、新模式的创造提供了更加适配的平台支撑。同时,按照布莱恩·阿瑟在《复杂经济学》中对新经济产生过程的分析,数字化基础平台的完善会加快数字技术资源的积累,从而使更多的新形态经济和新层次结构涌现出来,促进新经济结构不断完善。

第五节　数字经济驱动经济高质量发展的机制

数字经济通过数字技术改变经济结构促进经济高质量发展,因此,数字经济驱动经济高质量发展的机制主要体现在需求侧和供给侧经济结构的改变两个方面:一是数字技术改变了传统需求侧的消费结构、投资结构和进出口结构;二是数字经济改变了供给侧的能源结构、产业结构及劳动力结构。

一、数字技术引发消费结构改变

消费结构是指人们在消费过程中所消费的不同类型消费资料的比例关系。约翰·梅纳德·凯恩斯(John Maynard Keynes)的"绝对收入理论假说"认为,居民收入和社会保障体系对消费升级有重要影响。数字经济时代,数字技术和数据要素逐渐成为驱动消费升级的新要素,随着数字技术的广泛应用,消费结构从传统农业经济和工业经济时代同质化的物质需求向数字经济时代个性化、多样化的精神需求转变。数字技术通过加快消费内容创新、加快消费模式创新及降低交易成本推动消费结构转型。一是数字技术加快了消费内容创新,使消费不再局限于对商品的买卖。在产业数字化进程中,数字技术与农业和工业的渗透,不仅有助于生产效率提升,还增加了产品科技含量和附加值;数字技术在服务业中渗透加快新服务模式的产生,丰富了数字消费内容。数字消费内容的创新加快了商品和服务在网络空间中的循环,推动更大范围市场竞争效应形成,促进多层次、多渠道消费潜力释放。二是数字技术加快消费模式创新,网络化和平台化成为数字消费的主要渠道。大数据、区块链等数字技术的出现,构建起了以数据采集和传输系统、数据处理算法为基础的网络共享平台,能够将不同时间、不同地区的消费者和消费资料虚拟化集聚在同一网络空间中,消费者通过多种移动终端与网络平台连接,完成跨区域智能商品和服务的筛选、购买、售后等一系列消费活动。三是降低消费交易成本。数字技术突破了商品交易的时间和空间限制,缩短了消费者的信息搜寻时间、降低了信息搜寻成本,从而提升了消费交易效率。

二、数字技术引发投资结构改变

投资结构是指一定时期内投资总量的分布结构,根据不同的数值比例关系,投资结构可细分为投资产业结构、投资主体结构、投资来源结构、投资用途结构等。随着数字技术的快速发展,数字经济投资在加快数字技术创新和产业转型升级、提升全要素生产率等方面发挥着重要作用,数字经济领域的相关投资正成为吸引政府和私人投资的重点方向。从投资用途视角分析数字技术发展对数字技术产业本身及数字经济相关领域投资的影响。一是数字技术发展引发对数字产业基础研究投资的增加。数字经济发展的核心支撑是数字产业化的发展,高端芯片、操作系统等数字产业的研发水平直接决定了数字经济的发展质量,而数字产业基础研究的开展需要资金支持,以提供充足的人力、物力保障。二是数字技术发展引发产业数字化领域投资需求的增加,农业、工业和服务业的数字化转型需要数字化设备、数字人才的支撑,高技术人才引进和数字化设备购入增加了产业数字化领域的投资需求。三是数字技术的发展引发对新型网络通信、能源、公共服务等领域基础设施投资需求的增加。新型基础设施为数字产业化和产业数字化发展提供底层基础支撑,因此,数字技术的发展使数字产业化和产业数字化领域投资需求增加的同时也会增加新型基础设施领域的投资需求。

三、数字经济引发进出口结构改变

进出口结构是指一国或地区在一定时期内,按不同标志分组,反映各类进出口贸易在进出口贸易总额中的比重。随着数字经济时代的到来,数字技术加快进出口贸易向网络化、数字化改变,扩大了技术贸易规模、提升了服务贸易在进出口贸易总额中的比重。数字经济是以数字技术创新和进步为基础的新经济形态,数字技术通过与实体经济融合,不仅使技术密集型产品进出口贸易增加,还会促进数字技术本身作为一种商品进入进出口贸易环节,推动数字技术产品的进出口贸易发展。另外,数字技术提升了进出口贸易构成中服务贸易的比重,数字技术实现了经济社会的高度联通,使传统服务业的不可分离性、不可存储性和异质性属性受到挑战,服务贸易呈现出规模经济、范围经济和长尾效应等新特点,使过去必须在本地生产和消费的服务能够借助数字技术实现远程和跨国贸易。数字技术的发展主要通过降低贸易成本、扩展贸易范围、优化贸易支付方式推动进出口贸易结构的优化升级,进一步深化了中国与世界各国的联系和贸易合作。第一,数字技术降低了进出口贸易的搜寻、采购、生产及交易成本。数字技术实现了交易主体在网络空间中的虚拟集聚,提高了各类资源的流动效率,使不同主体在短时间内寻找到优质原材料供应商和潜在客户资源,降低了搜寻、采购及交易成本。第二,数字技术扩大了进出口贸易的交易范围。数字经济下的全球网络平台为中小企业参与对外贸易提供了机会,也促使更多国家和地区成为进出口贸易主体。第三,优化跨境支付方式。传统国际贸易多采用汇付、托收等支付形式,存在办理手续复杂、耗费时间久等弊端,数字经济加快了跨境电子支付的发展,贸易双方通过跨境电子商务平台直接完成货款支付环节,节约了交易时间,促进我国进出口贸易的数字化升级。

四、数字经济引发能源结构改变

能源结构是指不同类型能源的构成及其在能源总量中的比例关系,包括能源生产结构与能源消费结构,在数字技术推动下,能源结构正沿着多元化、低碳化、数字化的方向转型升级。一方面,能源生产结构持续优化,清洁能源增势强劲。数字技术推动低碳、清洁的非化石能源新模式、新业态创新,加快可再生能源生产。另一方面,数字经济在传统能源行业中的技术进步效应加快显现,传统能源行业通过建设数字化能源网络,在关键业务环节实现数字化、智能化升级,能够实时获取能源需求和使用信息,提高能源使用效率,减少能源使用量。大数据、人工智能、区块链等数字技术分别通过碳排放精准计量和预测、提高能源利用效率、促进能源交易市场良好运行降低碳排放量,助力碳中和目标实现。一是大数据技术能够实时动态监测和分析不同区域、不同主体的碳排放量,实现对碳排放量的精准计量和碳达峰、碳中和进程的精准预测。二是人工智能技术提高了能源调度的准确性和有效性,利用人工智能(Artificial Intelligence, AI)算法实现能源存储和使用的合理配置。三是区块链技术的透明化、信息可追踪且不可篡改特征提高了能源交易市场的安全性,去中心化特征推动分布式能源市场架构的优化,实现了能源设备和交易信息的互联互通,加快不同主体和设备之间的高效交互。同时,数字技术作用下的消费结构变化也会引发能源结构改变,数字经济时代下消费结构的智能化、绿色化升级加快了能源消费理念改变,降低对不可再生能源的消耗。

五、数字经济引发产业结构改变

产业结构是指国民经济中产业内部及各产业之间的比例关系和结合状况,数字技术促进产业结构升级体现在产业内部和全产业链升级两个方面。一是数字技术促进产业内部结构升级,包括加快数字产业化和产业数字化发展。新一代数字技术集合催生出共享经济、视频直播等新业态、新模式,加快数字产业化发展。同时,数字技术具有创新性、渗透性和带动性等特性,能够加速与传统产业的渗透融合,推动产业数字化发展。数字技术在农业领域的应用可以实现农业设备智能化、农业种植自动化、提升农民的数字化技能;在工业生产领域的应用可以实现生产过程自动化,有利于缩短生产制造时间、提高生产效率;数字技术在服务领域的应用更加广泛,数字金融、智慧物流、电子商务等已成为数字经济的核心领域。二是数字技术促进全产业链升级,数字平台的公平性和开放性消除了产业间信息不对称问题,加快了不同产业间资源自由流动和合理配置,在提高产业链数字化水平同时增强了不同产业链间的联系,通过数字技术加快产业间融合,实现全产业链的升级。

六、数字经济引发劳动力结构改变

劳动力结构是指按职业、文化程度、地区等各种社会经济文化标准划分的社会劳动力的分布、比例及其相互关系。数字技术变革不仅通过数字产业化带来新的就业机会,也会通过替代效应和创造效应影响不同行业的劳动力供求关系,从而影响劳动力结构。从替代效应看,数字技术通过替代效应促进劳动力结构从"高—中—低"结构向"高技能单极化"转变。数字技术与企业生产过程的融合改变了企业价值创造方式,人工智能技术加快了传统生产设备的智能化升级,减少了需要对生产过程和设备实时操作和监测的中低技能劳动力的需求,对中低技能劳动力产生替代效应,而对于支持数字化生产过程的工程技术人员等高技能劳动力需求增加。从创造效应看,一是人工智能技术的应用降低了企业生产成本,提高了企业生产效率,促进企业利润增加,企业通过将盈余积累扩大生产规模,从而加快劳动力规模的扩大。二是数字技术通过创造新工作岗位产生创造效应,促使劳动力结构向"高—低两极化"转变,数字技术在挤出部分中低技能劳动力的同时,会创造更多与低技能劳动力相匹配的岗位,增加对自动化水平较低的劳动力岗位需求。

第六节 数字经济驱动经济高质量发展的路径

一、完善数字经济制度的顶层设计

（一）完善数字经济制度

持续优化发展数字经济的制度环境，同时发挥数字经济制度体系的约束和激励功能。在切实发挥数字经济制度的约束功能方面，一是通过完善市场准入制度和公平竞争制度加强网络空间中的市场体系建设、优化网络市场的营商环境。二是建立健全数据交易管理制度，加强公共数据共享和私人数据保护力度，推进数据开放利用技术和安全标准体系建设，保障私人数据的数据资产和参与数字资本收益分配的权利，防止个别企业对数字资产的滥用、操控与垄断。三是加快推进数字经济的税收征管制度改革，重新界定数字经济背景下增值税、个人所得税、企业所得税的征税范围；加快税收征管手段创新。在积极响应数字经济制度的激励功能方面，需要通过改革现有收入分配体系保障劳动者的平等收益。参与主体的激励需求，适度扩大数字经济制度激励发挥作用的范围，在创新制度、开放制度等方面，增设和完善具体多元的制度措施。

（二）提高政府数字化治理水平

提高政府数字化治理水平需要从两个方面着手：一是加强数字政府建设。政府部门作为数字经济治理主体，需要抓好"放管服"改革主线,应用 5G、大数据、人工智能等数字技术打破部门界限,推动部门间的高效联动治理,开展面向公众的"远程办公"和"线上服务",实现数据、决策与服务的有机统一。二是构建智能化、数字化的政务监督系统。将大数据、云计算、人工智能等新一代数字技术应用于社会监督和治理领域,将司法监督、行政监督和新闻媒体监督构成统一的数字化监督系统,为数字经济健康发展提供保障。

(三)提高数字经济协同治理水平

协同治理主体包括政府、企业、公民和社会组织等,不同主体间要加强信息共享、沟通互动和协商互治,通过法律法规、行政授权、自治规章等明确各主体数字经济治理职责。政府既要创造良好的数字经济运行环境,又要在协同治理过程中发挥主导作用,企业要同时履行好监督和自治职责,公民作为主要的消费者,也要积极参与数字经济治理,行业组织要引导企业在市场中的规范发展。通过多主体的协同治理加快数字经济社会效益最大化的实现。

二、加强数字经济发展支撑体系

(一)加强高技能人才培养

为加强高技能人才的培养,一方面,以高校为代表的人才培养机构应加强对于数字人才的培养能力。例如高校应紧跟数字经济发展趋势,开设数字经济相关技术专业,加强数字人才培养力度,注重创新思维和创新实践能力的同步培养,推动产学研融合、校企合作的数字人才培养机制,为技术创新水平提升提供前期人才保障。另一方面,企业要加强员工的数字技能培训和考核,创新企业数字化组织管理模式,建立健全数字型人才培养考核体系,借助培训补贴和职业技能考核等手段,鼓励员工提升数字知识的学习与数字技能的掌握,为数字经济驱动经济高质量发展提供内生动力。

(二)加快新一代数字技术研发

依托数字龙头企业、数字技术专业水平较高的高校和数字技术研发机构联合发力,构建数字经济核心技术的产学研协同攻关体系,加快核心技术研发,注重基础材料、基础软件等基础研究的开展,鼓励技术研发有关标准、代码、平台共享发展,通过形成技术创新生态系统提高技术研发效率,促进"卡脖子"技术难题破解。

(三)推进新型基础设施建设

重视新型基础设施建设对数字技术应用的支撑作用,持续推进新型基础设施的建设工作。第一,加大新型基础设施建设投资。加大对5G基站、宽带网络、无线光缆等信息通信基础设施建设投资力度以及云计算、区块链、大数据等智能数据平台建设的投资力度。第二,采取多元化新型基础设施建设形式。新型基础设施具有前期投资大、回报慢,但建成后边际成本低等特点,因此,可以采用政府主导或通过政府和社会资本合作(Public-Private Partnership,PPP)、建设—经营—转让(Build-Operate-Transfer,BOT)等形式加快新型基础设施建设,为万物链接提供基础支撑。第三,注重电力、交通等传统基础设施行业智能化、数字化升级改造。第四,我国中西部地区与东部地区相比,数字经济起步晚,发展水平相对落后,应加强新型基础设施建设在中西部地区的倾斜力度,缩小中西部地区与东部地区差距。

三、加快经济结构转型升级

加快消费结构、投资结构、进出口结构优化升级,为数字经济发展提供需求保障。在消费结构升级方面,一是通过互联网平台实现就业供给和需求匹配,保障劳动力的就业,以就业带动收入水平提升,从而提升居民的消费能力;二是通过发展电商平台、共享经济等新模式、新业态,拓宽消费者的智能消费渠道。在投资结构升级方面,需要加快数字基础产业、新型基础设施投资,通过投资带动新型基础设施产业发展,但需要避免"投资潮"导致的产能过剩问题。在进出口结构优化方面,企业、市场、政府应共同加快数字化交易环境的构建,通过实时的供给和需求信息获取,提高国内、国际消费需求的供给水平。

加快能源结构优化升级,为数字经济发展提供供给保障。在能源结构转型方面,一是要加快传统能源供给行业的数字化转型,借助新一代数字技术提高能源利用效率,减少碳排放;二是风能、水能、光能等可再生能源供给主要集中在西部地区,而西部地区电力需求不及东部地区,可以将可再生能源转化为电力资源后输送到电力紧缺的东部沿海地区,实现可再生能源供给和需求的更好匹配。但可再生能源发电稳定性较差,难以支撑电网公司持续、稳定的用电需求,因此,应加快完善供电基础设施建设,增强可再生能源发电厂的电力智能化调控能力,使可再生能源被充分、高效利用。在劳动力结构升级方面,企业可以加强对劳动力的数字化技能培训;高校加大数字经济相关专业建设力度,培养高素质数字化人才;政府加大公共服务供给力度,引导职业分流,促进劳动力合理配置。

　　加快产业数字化发展，为数字经济提供实体基础。充分发挥数字生产要素的渗透性、扩散性等特点，加快数字技术与传统产业深度融合，实现数字资源市场化和价值化，提高产业的数字化水平。第一，加快农业组织化创新，激活农业主体数字化转型活力。建立共享共生、合作共赢的融合生态模式，打破不同农产品间的信息壁垒，实现上下游农产品生产、加工及出售产业链的信息共享，加快农业数字化转型。第二，以智能制造为重点，加快制造业数字化升级。将数字技术应用于原料采购、生产加工等环节，加快数据要素向生产力转换，促进制造业生产效率和生产质量提升；加强制造业与上下游产业链及产业内各环节的联系，提高制造企业网络运营、在线服务等新模式应用水平，推动我国制造业在全球产业链中地位的攀升。第三，加快服务业数字化转型。积极推动数字技术在研发设计、营销管理、金融支持等生产性服务领域的渗透融合，加快数字旅游、数字体育、数字社区等生活性服务业发展，催生更多新服务业态和服务模式，不断提升数字化对服务业的渗透率。

第二章　人工智能赋能经济高质量
发展的机理与对策

　　如今,中国经济已步入由新发展理念为指引的高质量发展新阶段。进入新发展阶段,中国经济仍面临发展不平衡、不充分等问题,需要传统产业加快转型升级、新兴产业蓬勃发展,以此提升人民生活质量、实现社会全面的新发展。人工智能作为新一代信息技术中的重要分支,可以通过人机互动、数据驱动、跨界联动推动新一轮科技革命和产业转型,从而构建起新的智能经济形态。2021年5月,中国新一代人工智能发展战略研究院发布的《中国新一代人工智能科技产业发展报告2021》指出,中国2205家人工智能骨干企业的创建时间主要集中在2012—2018年,占比达到63.93%,尤其是在2012—2015年,人工智能企业数量快速增加,人工智能产业越发繁荣。从人工智能企业核心技术分布来看,大数据和云计算占比最高,达到41.13%;其次是硬件、机器学习和推荐、服务机器人,占比分别为7.64%、6.81%、5.64%。这反映出人工智能产业的加速繁荣。而在未来,人工智能产业还将带动中国企业成为全球价值链重构的引领者,为后疫情时代经济全球化浪潮到来奠定坚实的技术基础。具体来讲,以智能化、网络化、数字化相融合为发展背景的人工智能,在创新、协调、绿色、开放、共享发展理念指导下,通过对传统生产模式进行变革,对已有分配效率进行改进、对已有交换模式进行优化、对消费模式进行升级,从而实现经济高质量发展。

第一节　人工智能产生创新、培育高端生产要素

作为现代化经济体系的本质特征和供给侧结构性改革的根本目标,经济高质量发展是以创新为驱动的经济增长方式,创新性、再生性、精细性及高效益是经济高质量发展的本质特征。因此,解决现阶段我国社会主要矛盾、实现经济高质量发展需要加快技术创新、生产要素创新,优化资源配置,提升供给侧与需求侧的匹配度,提高全要素生产率。一方面,人工智能作为新一代信息技术,创新性特点显著,人工智能产业的发展为经济高质量发展提供新力量。另一方面,人工智能作为拥有学习能力的智能设备,可以通过与实体经济深度融合实现生产要素高端化。人工智能通过提高创新水平、增强技术外溢效应以及培育高端生产要素等途径,变革资源禀赋和社会分工模式,最终带来了生产模式变革和生产力、生产质量的提升。

一、人工智能产生创新和技术外溢效应

一方面,人工智能通过创新效应变革生产模式,从而赋能经济高质量发展。首先,作为高科技产物的人工智能,其产生和发展是

计算机和神经科学、语言学、认知科学最前沿的融合结果。经济社会中多个领域的技术进步和创新突破都得益于人工智能的繁荣,人工智能技术不仅能提高企业生产环节的生产效率,还能带来研发环节技术创新,加快企业创新模式由劳动密集型创新向以数据科学为技术的新型创新模式升级。智能化的新型创新模式为企业降低了研发成本,增强了创新的延展性和兼容性,提高创新成功率和创新频率。其次,加大人工智能产业的投资会带来"干中学"效应。肯尼斯·阿罗(Kenneth Arrow)于1962年提出了"干中学"模型,把从事生产的人知识获得的过程内生于模型,指在生产和物资资本积累过程中引起的劳动生产率提高和技术外溢,这种"干中学"更多带来的是思想上的创新。而人工智能这种实物形态的创新在实践中被学习、模仿和使用的现象更为普遍,智能化技术的创新效果也更为显著。最后,人工智能的应用场景和前景会愈加普遍,由于人工智能所具有的能增强创新的延展性和兼容性属性,"干中学"效应会被人工智能指数级放大,带来的技术进步和生产率提升效果也高于传统固定资产和研发投资。

另一方面,人工智能通过技术外溢效应变革生产模式。通用型技术作为人工智能的技术知识基础,其无论在行业还是地区层面的应用都没有太大局限性,可以向更宽泛的领域辐射。并且人工智能技术还可以与云计算、大数据等多种新一代信息技术结合,通过深度学习、神经网络支持其他领域的技术创新。这种将人工智能技术中的通用型技术基础融合到其他行业中的过程即为技术溢出过程。但需要引起重视的是,人工智能虽然可以通过技术外溢效应变革生产模式,但技术外溢的广度和深度还受到每个地区信息技术基础设施和外溢产业的市场规模影响。因此,在衡量人工智能技术溢出效应时不能一味地从技术溢出角度考虑。自1978年实行对内改革、对外开放的政策以来,我国社会主义市场经济体制不断完善,"一带一路"倡议的提出和深化促进了国内各地区、世界各地间市场融合、创新环境优化,这些都有利于人工智能技术外溢广度和深度的拓宽和提升。

二、人工智能培育高端生产要素

(一)高端劳动力的培育

随着人工智能技术溢出效应的增强,企业生产活动逐渐转向自动化和智能化,这减少了企业劳动力的依赖,使资本替代劳动的程度更加深化。但对劳动依赖程度的降低大多集中在低端劳动力,对于高端劳动力依赖性变得更强。主要是因为智能化生产程度的提升会对传统手工和日常认知劳动产生替代效应,对无法实现自动化、需要脑力劳动的工作岗位则产生互补效应。从劳动力结构来看,人工智能通过高端劳动力的培育优化了生产要素结构、提升了生产质量。其一,发展人工智能离不开神经网络、深度学习等领域高水平人才的技术研发和创新设计;其二,人工智能在生产领域的深入应用需要企业生产配备熟练操作、检修维护智能化设备的专业操作人员。这与传统的低端劳动力结构相比人力资本水平更高,能为企业带来更高的生产附加值,属于高端生产要素范畴。因此,人工智能在缩减部分传统生产流程所需的低端劳动力数量的同时提高了对高端劳动力数量和质量的需求。

（二）高端资本的培育

大数据、人工智能、云计算、区块链、物联网、5G 等新一代信息技术的出现和快速发展是新型基础设施加快构建的重要技术保障。新型公共基础设施与传统私人资本相比具有正外部性，在社会再生产中具有更高生产力水平。新型基础设施又称为数字基础设施，具体包括基于 5G、工业互联网、物联网形成的信息基础设施，深度应用互联网、人工智能、大数据等技术的融合基础设施以及支撑科学研究、技术研发、产品研制等的创新基础设施。新型基础设施的构建核心是平台经济，在平台经济中数据作为基础将产业、高校和研究机构整合，通过数据驱动人工智能等新一代信息技术与实体经济融合。新型基础设施通过减少企业创新成本和创新过程中的信息不对称问题提升企业创新频率；此外，新型基础设施的完善为企业节约了部分运营管理和销售成本，通过生产力提高带来规模递增，从而变革生产模式。

因此，创新和技术溢出效应、高端生产要素培育是生产视角下人工智能赋能经济高质量发展的重要机制。将传统的"需求—研发—生产—销售—售后"生产模式通过人工智能技术进行智能重组，从生产供给侧提高产品质量、提高人民群众获得感和满足感。

从宏观角度看，人工智能是计算机科学的重要组成部分，它试图探究智能的本质，研发具备近似人类智能的智能机器，研究内容包括机器人、图像识别、语音识别、自然语言处理、专家系统等。一方面，图像识别技术和大数据技术可以在生产活动进行之前就对市场需求和需求走向进行识别和预测，以帮助企业提前规划生产，在不存在库存积压同时保证有满足需求的最低库存，有效控制库存成本。人工智能技术除了可以提前识别市场需求外,还可以通过大数据技术挖掘、从海量数据中收集与不同产品相关的需求信息,并对信息进行储存、分析,将分析后的需求信息反馈到客户浏览的界面以达到引导客户需求目的。掌握客户的实时需求数据有利于提高产品生产和市场需求间的匹配效率,减少资源错配给企业带来的损失,增强企业柔性生产能力。另一方面,在生产过程中,人工智能技术通过实现生产企业的智能制造过程减少对低端劳动力的依赖,降低低端劳动力的成本支出。智能制造不仅带来了规模经济、还能通过"干中学"、技术外溢减少对智能机器的维护、检修成本。此外,在生产质量监督检测环节,由于人工智能的实时、全面智能化生产监控,提高了对产品质量的监控能力,不合格产品率降低、企业生产效率和产品质量得以提高。

第二节　人工智能提升分配效率、影响分配结构

分配包括配置生产要素和分配收入两方面,配置生产要素即为分配生产条件中的生产资料和劳动力,分配收入即为生产产品的分配。在理论研究方面,关于人工智能对经济分配的影响更多集中在人工智能影响经济的分配内容,具体表现在影响生产要素的收入份额分配和收入分配不平等。人工智能通过与大数据技术结合避免了交易环节中由于信息不透明造成的交易成本加大、效率降低等问题,提高了生产要素配置效率、增进社会福利。

一、人工智能提升分配效率

(一)人工智能提高收入分配效率

人工智能通过实现信息的公开化和透明化提高收入分配效率。具体地,在消费者生活和企业生产中,人工智能通过利用大数据、云计算等新一代信息技术搜寻、获取、整理供给、需求两端的生产和消费信息,也会通过"干中学"对收集到的海量数据进行内容识别、分析,使人工智能技术水平进一步提升,从而对获得的数据进行更快速识别和分类管理。更重要的是,人工智能的智能之处远不止对海量数据进行收集、识别和分类等浅层面的处理,还能根据处理后的数据得到消费者和企业生产的心理、行为特征等新信息,发现经济社会运行规律。基于分析得到的新信息,进一步提升人工智能解决现实问题和预测未来的能力,从而提升数据资源利用价值,优化企业经营决策、创新经济发展方式。信息黑箱问题通过大数据分析得以解决,这有利于生产经营过程中各类生产要素的合理配置、减少资源浪费、提高生产要素投入积极性,实现帕累托改进。

(二)人工智能提高要素配置效率

社会再生产的分配包括了生产过程中对生产所需要素进行配置。现有的社会再生产过程中劳动重复、设备资源利用效率低下、误差率高等问题时有发生,主要原因是信息存在不完全性。

福利经济学第一定理指出完全竞争市场达到均衡时为帕累托最优。但信息的不完全性使资源和要素配置无法达到最优。以能源市场为例,由于发电企业对用户的实时用电信息难以掌握和巨大电力储存成本的存在,电力供给量和需求量不匹配现象时有发生,能源资源利用效率低下。

而人工智能可以通过对海量数据进行搜集分析,各种资源通过机器学习实现资源需求有效预测和资源配置效率提升,解决信息不完全性和公共产品外部性问题,从而在社会再生产的分配环节,实现以效率变革推动质量变革。一方面,将人工智能和大数据技术应用到智能家电、无人驾驶等产品中,消费者产品使用的行为特征能被及时追踪和分析,有利于智能产品能耗的科学管理,通过节能减排促进绿色发展。另一方面,人工智能技术在公共产品领域的应用使公共产品供给存在帕累托改进可能。关于交通资源,自动驾驶技术和物联网融合能够实时更新当前和预测未来一定时期内的交通流量,提高了交通公共产品的资源利用效率,有效解决公共产品的外部性问题。例如,在 2008 年,谷歌创建了流感趋势地图,主要通过搜索与流感相关关键词并进行数据挖掘和深度学习实现,这一"流感趋势"系统通过对流感进行预测使国家的医疗资源配置合理化,有效阻止了病情扩散。

二、人工智能影响分配结构

(一)人工智能影响分配结构的短期效应

就业受到劳动技能和技术匹配的影响,人工智能又通过影响就业作用于分配结构,那些从事简单劳动的劳动者在被人工智能带来的自动化和智能化替代后,短期内无法提升自己的劳动技能,从而难以获得新的工作岗位。这种人工智能影响分配结构的短期效应降低了劳动力工资在收入中所占的比重。随着人工智能技术的深入应用,有关智能终端设备的投资成本降低,智能终端设备替代的劳动力数量逐渐增加,使资本收入与劳动收入之比提高。从现实来看,劳动力分布相对均匀,财富和资本分布则相对集中,人工智能技术的应用提高了生产过程中的资本占比,资本报酬不断增加,以间接途径在短期内对收入分配结构造成影响。此外,有学者将"蓝领"和"白领"工作的可替代性进行对比后发现,那些法律咨询、银行柜员、保险咨询等"白领"服务岗位更容易被人工智能替代。这使就业结构出现极化现象,这种"就业极化"带来了"工资极化"。

(二)人工智能影响分配结构的长期效应

通过分析短期效应得出,人工智能应用的逐步深入替代了低端劳动力,使低端劳动收入占比下降,"就业极化"带来了"工资极化"。长期来看,低端工作岗位被替代后会出现更多高技能岗位需求,包括从事人工智能技术研发的科学家、工程师等,这类高水平人力资本工资远远超过低端劳动力工资,收入分配差距进一步扩大。但与此同时,资本占比增加意味着需要向政府缴纳更多税收,政府将税收用于包括教育、培训在内更多的公共投资,以此提升劳动者劳动技能和人工智能技术的匹配度,通过优化就业结构提高劳动者的平均工资。经济学家达龙·阿西莫格鲁(Daron Acemoglu)和帕斯夸尔·雷斯特雷铂(Pascual Restrepo)研究表明,自动化和智能化初期带来的新劳动岗位会扩大收入差距,随着新劳动岗位逐渐被标准化,低技能劳动生产率得以提升,一定程度缓解了收入不平等问题。此外,生产率的提升为经济增长带来了持久、强劲的增长动能。因此,通过恰当公共政策的出台能够引导就业结构升级、劳动者分享增长成果,这与共享发展理念相契合。

第三节　人工智能优化交换模式、推进 "一带一路"建设和发展

　　交换作为生产和消费的中间环节,是企业获得生产资料、销售产品和服务的重要渠道。通过交换不仅实现了企业生产的价值和扩大再生产,也实现了人民对包括产品和服务获得等在内的美好生活需要的满足。广义的"交换"既包括在生产过程中对生产资料进行的交换,又包括在生产环节结束后对产品进行的交换。人工智能通过远程、线上平台的虚拟集聚交换满足了人民日益增长的美好生活需要。在线下和线上交换相结合方面,人工智能积极应用于"一带一路"发展建设,加速了我国与"一带一路"沿线国家和地区间的生产资料和消费品交换,通过践行协调发展和开放发展理念,助力经济高质量发展。

一、发展数字平台经济优化交换模式

　　大数据、云计算、物联网、人工智能等新一代信息技术的出现和发展推动了数字经济时代到来,为实现经济高质量发展提供新动能。与传统产业的组织形态不同,数字经济时代的平台经济作为线上双边市场,将用户和为用户提供产品和服务的企业通过网络平台连接起来,为生产者和消费者提供重要的沟通媒介和交流空间,目前已有的数字平台包括京东、美团、滴滴等。平台经济的出现不仅提升了广义范围中的交换效率,也为共享经济发展提供了重要支撑。

一方面,数字经济时代下平台经济的繁荣推动了供需两端保持动态平衡。目前,我国社会主要矛盾已发生变化,主要表现为人民日益增长的美好生活需要和不平衡不充分的发展之间的矛盾。从微观层面来看,产品与服务的供需比例由于"信息黑箱"的存在出现了结构上的不匹配,而平台经济实现了信息流的集中化和物流的分散化,信息流集中化降低了供需成本,物流分散化将供给和需求实现了分布式虚拟空间连接。作为平台经济的典型表现形式之一,天猫 2021 年 11 月 11 日当天的成交额高达 5403 亿元,与 2020 年 4982 亿元相比增加了 8.45%。正是有了人工智能的智能数据、智能引导、智能分析技术,才支撑了平台中大量信息流的集中和交换行为的实现。在物流的分散化方面,人工智能的深度学习功能和智能机器人、无人机等智能产品代替了传统快递员配送方式,通过智能化手段减少物流配送失误事件的发生,并且对物流配送成本和时间进行控制,推动供需两端保持动态平衡,改进消费者的效用排序。

另一方面,平台经济通过共享经济模式提升了交换效率。基于人工智能的优化算法,小猪短租等共享经济模式加速繁荣。关于平台经济如何提高交换效率的分析,部分学者基于交易成本理论、协同消费理论和多边平台理论,分析得出平台经济主要通过促进共享经济发展提升交换效率。交易成本理论中关于共享经济新模式的优点主要为交换过程中各类成本的降低,包括信息搜寻、议价和监督费用降低。协同消费理论中关于共享经济新模式的优点主要是交换次数的增加,在共享经济中,产品和服务所有权不再局限于某个特定个体,其他消费群体可以通过消费协议签订享有产品的同等使用消费权,在提升资源利用效率的同时降低了永久权导致的成本和风险增加。多变平台理论中关于共享经济新模式的优点主要为交换活动主体数量的虚拟集聚,平台经济将多个产品、服务的供给和需求方集中在平台上,为消费主体提供多元化消费选择,提高市场良性竞争水平;并且由于共享经济具有网络外部性特点,供需主体数量的增加会形成更多网络节点,促成更多交换活动发生,个体的平台获得感也更高。

因此,以人工智能为技术基础,通过数字平台带来的共享经济从五个方面优化了交换模式:第一,提高了闲置资源的交换频率,进而提升了资源利用率;第二,供给和需求主体数量的增加加剧了市场竞争水平,从而提升了专业化水平;第三,供需两端的信息显性解决了信息不对称问题;第四,在减少交易费用同时使交易频率和交易数量大幅提升,2017 年普华永道思略特发布的《共享出行正当时——中国共享汽车现状与趋势报告》中指出,里程数在 3 公里以内,网约顺风车费用仅为出租车费用的 42.6%,且前者交易成功率更高,为后者的 1.5 倍;第五,这种新经济模式促使效率低下、供给不足的传统行业加快转型。

二、人工智能参与"一带一路"建设和发展

人工智能为货物和服务贸易提供了智能化网络交易服务,改变了交易模式,5G、云计算、人工智能技术的使用降低了国家和地区间交易费用、提升贸易通关效率。因此,人工智能更深入参与"一带一路"建设和发展;同时,也要防范新一代信息技术与产业深度融合产生的技术风险,通过加强技术监管、法律保障提升"一带一路"资本流动的效率和安全性。

数字经济时代,商品和贸易交易模式发生改变、交易效率提

升。人工智能加快了数字基础设施完善和国际贸易中智能产业合作,以优化交易模式践行协调发展和开放发展理念,推动经济高质量发展。

2013年,习近平主席在出访中亚和东南亚期间先后提出共建"丝绸之路经济带"和"21世纪海上丝绸之路"的重大倡议;2017年,"一带一路"领导小组办公室发布《共建"一带一路":理念、实践与中国的贡献》强调,"一带一路"建设应逐渐从理念转化为行动,从愿景转变为现实,成为顺应经济全球化潮流的最广泛国际合作平台及新时期我国全面开放新格局形成的重要抓手。数字经济时代,"一带一路"建设需要更多新一代信息技术投入,利用人工智能技术实现对外投资、国际贸易合作的智能化。将人工智能深入应用于"一带一路"建设,能够优化国家和地区间传统的贸易往来模式,提升对外开放水平。

(一)人工智能促进了投资生产要素的交换

投资作为提高经济发展水平的重要基础,"一带一路"建设水平的提高离不开"一带一路"沿线国家和地区投资的增加。然而,由于国家政治和地区文化差异的存在,各国对"一带一路"倡议的提出持有不同观点,部分国家会以政治牵制、战略挤压为由拒绝甚至阻碍"一带一路"建设。而人工智能的应用为我国在"一带一路"沿线国家和地区的投资提供了智能化的分析、预测支持。首先,通过结合大数据技术分析"一带一路"沿线国家和地区人民的消费偏好和行为特征;其次,利用深度学习等算法预测最佳投资地区和产业;最后,借助智能化手段降低"一带一路"投资风险,帮助企业、政府从客户角度作出理性投资决策,以支持"一带一路"沿线国家生产要素和产品的交换。

（二）人工智能加快了人才生产要素的交换

以人工智能、大数据、云计算等新一代信息技术为主要支撑的第四次工业革命调整了全球经济格局,中国的人工智能人才储备充足、应用场景丰富、发展环境良好,人工智能的加速繁荣为我国在第四次工业革命占据重要地位提供支撑。近年来,我国人工智能领域科研成果在国际上的影响力不断提升。中国经济信息社江苏中心联合新一代人工智能产业技术创新战略联盟共同发布《新一代人工智能发展年度报告（2020—2021）》,报告显示,2020年中国人工智能期刊引用比例首次超过美国,人工智能专利申请位列全球第一。同时,据全国高校人工智能与大数据创新联盟统计,截至2021年6月,中国国内共有345所普通高校成功申报人工智能本科专业,高层次人工智能人才规模占全球比重稳步提升。此外,在应用落地方面,我国人工智能技能相对普及率超过德国、加拿大等国家,位列全球第三。因此,在共建"一带一路"中,我国应深入应用人工智能,加强人工智能产业的技术合作与共享,利用我国人工智能发展的产业、技术优势增强技术外溢效应,在我国人工智能发展的同时支持"一带一路"沿线国家和地区的协调发展。

第四节　人工智能催生消费高级化、
提升教育和医疗服务质量

一方面,消费作为社会再生产过程中的生产动力促进生产;另一方面,消费需求升级创造出新的劳动力推动了经济高质量发展。人工智能实现了消费的智能化和高级化,孕育出了高端生产要素为经济高质量发展提供新动力。本章所指的消费高级化主要表现为低碳、绿色的消费方式。消费方式的转变引导产业转型升级,提高教育、医疗等消费质量,增加高水平人力资本存储量,助力经济高质量发展。

一、人工智能催生绿色消费、智能消费

传统工业时期,电气化、自动化技术被普遍应用,大量化石能源消耗造成了环境污染。进入第四次工业革命阶段,新一代信息技术被广泛应用于实体经济领域,智能家居、无人驾驶、新能源交通设备层出不穷,推动了绿色消费、绿色生产、绿色发展理念的形成和公众传统高耗能消费方式向绿色化转型,有利于集中式能源供给和分布式能源消费的高度匹配,有利于新能源利用效率的提升和低碳社会的加快构建。在人工智能技术和智能设备支持下,绿色购物、绿色出行等绿色消费行为逐渐代替了传统线下高耗能消费模式,极大地降低了传统工业社会时期的碳排放量。以支付宝为例,作为线上支付平台,为消费者提供线上绿色消费的碳账户,通过将线上虚拟种树和线下种树结合,激发公众的绿色消费热情。

此外,智能消费逐渐兴起。从消费视角看,人工智能技术应用不仅颠覆了传统消费方式,还创新了产品外观和功能,从内、外两方面提升消费者的消费幸福感。以智能产品为例,智能手机、电视和音箱在保留传统功能基础上增加了人机互动新功能,高科技附加值增强了产品的娱乐性和消费者的满足感;扫地机器人、多功能

洗碗机解放了消费者双手,为消费者节约出更多可支配时间;无人驾驶汽车同样解放了用户双手,对于工作繁忙的商务人士来说可以节省时间提高工作效率。在中国居民收入水平不断提高的经济高质量发展阶段,随着智能技术投入成本降低,会有更多智能产品被消费者需要和被创造出来,为人类提供更加智能化、高质量的生活条件。人工智能应用对经济高质量发展的影响可以从马克思主义政治经济学视角解释。在工业化发展初期,企业利润的增加离不开劳动力投入,劳动力投入数量决定了工资水平,因此,那时财富的标尺是劳动时间;现阶段,人工智能等新一代信息技术被广泛应用于社会经济发展中,劳动力被解放出来,但人工智能的替代使劳动投入和财富仍未减少,衡量财富的标尺逐渐从劳动时间转向自由支配时间。例如,收入较高的人能更早借助智能化产品解放双手,拥有更多自由支配时间,将自由支配时间投向专业化、高技能工作中,从而获得更高质量生活。

二、人工智能提升教育和医疗服务质量

2019—2021 年,我国人均国内生产总值连续三年超过 1 万美元,稳居中等偏上收入国家行列,与高收入发展国家收入差距持续缩小。在我国加快形成以国内大循环为主体、国内国际双循环相互促进的新发展格局背景下,居民对美好生活需要更多集中于高质量和高水平的产品与服务消费。但目前,我国产品和服务的供给质量还有待提升。以教育、医疗为例,我国现有的教育和医疗供给与需求不匹配;此外,教育、医疗行业的专业技术由于需要长期经验积累难以被人工智能简单替代,经济欠发达地区的人力资本水平明显低于发达地区。但人工智能技术在欠发达地区的普及就可以实现人力资本的虚拟溢出,通过远程交流和指导,能有效解决地区间知识不对等难题,进而实现区域协调发展和经济高质量发展。

第五节　人工智能赋能经济高质量发展的对策

以创新、协调、绿色、开放和共享五大发展理念为指导,从社会再生产视角,分析人工智能赋能经济高质量发展的机理,包括生产模式变革、分配效率提升、交换模式优化及消费行为和产品创新。但我国人工智能仍存在发展短板:在人工智能的科研成果方面,我国人工智能引文影响力等体现科研质量方面的指标还比较落后。在人工智能产学研合作方面,我国人工智能企业较少与高校合作开展科研活动,尤其是论文方面的合作交流。高校与企业联系不够紧密,将市场作为导向的人工智能领域产学研合作不足。在人工智能产业发展方面,有关共性技术平台、芯片处理器研发等企业数量较少。因此,优化人工智能技术研发、产业繁荣、产学研合作等制度设计和政策出台,为人工智能更好赋能经济高质量发展提供健康有利的发展环境。

首先,加强人工智能领域的产学研合作,完善技术合作时的技术作价入股制度。现阶段,我国能源输、配送体系与人工智能技术结合较为紧密,而在其他实体经济领域发展中,有关人工智能的科学研究水平相对低下,造成人工智能产业创新能力不足。加快人工智能与实体经济融合可以从技术股权入手激励技术与产业的融合。在顶层制度设计过程中,以风险共担、收益共享为原则,提高人工智能领域的技术研发和市场转化热情,加快人工智能技术向实体领域渗透,为经济高质量发展提供技术驱动力。

其次,知识产权保护是人工智能行业健康、高效发展的重要保障,加大人工智能领域技术创新的资金支持则是重要前提。在知识产权保护方面,由于人工智能产业为新兴产业,要加快完善与人工智能相关的知识产权保护条例和司法制度,鼓励人工智能技术研发,严厉打击人工智能领域的剽窃、侵权行为;在鼓励人工智能技术交流和溢出的同时完善人工智能产权交易制度,鼓励人工智能技术的合法交易以加快技术溢出。在人工智能的创新补贴方面,政府、企业、高校、科研机构需要共同发力支持技术创新,在技术研发成果产出之前,给予人工智能领域的技术研发人员足够的研发资金支持和日常生活需求保障,在技术研发成果产出之后,根据研发成果类型和等级给予研发人员技术创新奖励,推动内部研发成果外部产业化和市场化。

再次,通过税收制度改革优化收入分配结构。人工智能影响分配结构存在短期效应和长期效应。从短期效应来看,人工智能对低端劳动岗位的代替迫使从事低端劳动的劳动者收入减少、劳动报酬占收入的比重下降、提高社会失业率,短期内不利于共同富裕目标的实现。因此,以公平课税为原则,对现有税收制度进行改革优化,对智能机器人应用普遍的行业征收"机器人税",以保持机器人和普通劳动者间的税收中性、缩小收入差距。对于征收的"机器人税",可以进行低端技能的劳动者技能培训,将部分低技能劳动岗位上通过技能培训的劳动力转移至专业化岗位,保持人工智能发展和劳动者技能提升一致性,在人工智能技术普及的同时提高劳动者就业水平。

最后,通过引导人工智能在地区间的投资和合作促进地区协调发展。从目前人工智能发展的地区分布来看,东部发达地区的人工智能行业发展水平更高,中、西部地区无论是人工智能技术创新还是产业融合的发展水平都有待提高。因此,中、西部地区要加快完善数字基础设施构建,加强人工智能领域的产学研合作,重视人工智能领域的知识产权保护,通过完善知识产权交易制度加强与发达地区的人工智能知识产权交易,加大创新资金的支持力度,加大人才培养和人才引进力度。

第三章　数字经济提升潜在经济增长率的机制与路径

　　1978—2021 年,中国的国内生产总值年均增长速度达到了 13.93%,中国经济总量持续迈向新台阶。但自 2011 年以来,中国经济增长速度出现了持续的下滑,国内生产总值增速在 2015 年时为 6.91%,在 2017 年时为 6.76%,2019 年仅为 6%。《中共中央关于制定国民经济和社会发展第十四个五年规划和二〇三五年远景目标的建议》中提出,到 2035 年要基本实现社会主义现代化,这个目标的实现需要经济持续保持高速增长。改革开放四十多年以来,我国经济的增长都依托于投资驱动、要素驱动、无限供给的廉价劳动力(蔡昉,2013),但 2012 年之后,人口老龄化越来越明显,适龄劳动力人口快速下降,人口红利逐渐消失,同时随着资本投入边际规模报酬递减效应的显现,要素驱动和投资驱动已无法为我国经济发展继续提供增长动力(吴国培、王伟斌,2015)。因此,未来我国经济发展要依靠什么? 什么会成为我国经济高速增长的驱动力? 这是目前亟待解决的重要问题。

　　关于潜在经济增长率的问题,已有大量学者展开了研究,通常可以归纳为以下三个方面。一是从生产要素投入总量层面来研究潜在经济增长率（沈坤荣，2010）。通过全要素生产率、资本投入和劳动力投入对经济增长贡献的实证分析，探究各个因素未来的增长趋势，从而对中国经济的增长潜力作出估计。二是从结构变动层面研究潜在经济增长率。如研究要素投入结构变动对要素产出弹性的影响，从而影响潜在经济增长率（郭晗，2014）；研究产业结构变动对要素配置效率进而对潜在经济增长率的影响（袁富华，2012）；还有从人口结构角度进行研究，人口老龄化减少了劳动力数量，导致产出下降，从而影响经济增长率。三是从全要素生产率角度研究潜在经济增长率。戴尔·乔根森（Dale W.Jorgenson）认为七国集团（G7）[①]与二十国集团（G20）[②]成员经济快速增长是由于信息技术提高了全要素生产率，提高了产出效率，从而提高了潜在经济增长率。现有文献已对经济增长的影响因素开展了细致的研究，但随着互联网和信息技术的发展，互联网和数字经济已对经济增长产生了强大的冲击。2015年国务院发布《关于积极推进"互联网+"行动的指导意见》，提出互联网与各领域的融合发展具有广阔前景和无限潜力，要利用互联网提升实体经济创新力和生产力，形成以互联网为基础设施和创新要素的经济社会发展新形态。2020年年底召开的中央经济工作会议指出："要大力发展数字经济，助推我国经济高质量发展。"当前，以人工智能、大数据、物联网为标志的第四次工业革命方兴未艾，世界正步入智能化时代，数字经济已成为大势所趋。

---

① G7成员包括：美国、加拿大、英国、法国、德国、意大利及日本。
② G20成员包括：中国、阿根廷、澳大利亚、巴西、加拿大、法国、德国、印度、印度尼西亚、意大利、日本、韩国、墨西哥、沙特阿拉伯、南非、土耳其、英国、美国、俄罗斯以及欧盟。

第一节　数字经济影响潜在经济
增长率的理论机制

潜在经济增长率的含义为,在当前经济条件下,一国(或地区)经济能生产的最大产品量与劳务总量的增长率,或者说是在资源要素处于最优配置的条件下,经济所能达到的最大增长率。潜在经济增长率是潜在产出与潜在投入共同决定的,而潜在产出由潜在投入决定,所以影响潜在经济增长率的因素就是影响潜在产出的因素,用生产可能性曲线表示就是使生产可能性边界向外移动的因素。这些因素主要包括投入要素和全要素生产率。

1948年,罗伊·福布斯·哈罗德(Roy Forbes Harrod)基于凯恩斯的储蓄投资分析,在《动态经济学导论》中提出了资本(储蓄率)推动经济增长的理论,同一时期,埃弗塞·多马(Evsey Domar)也提出了相同观点,他们二人提出的哈罗德—多马模型均认为资本积累率(储蓄率或投资率)决定了经济增长率。哈罗德—多马模型假设资本与劳动不能相互替代,不存在技术进步且不存在资本折旧,当实际增长率等于均衡增长率等于人口自然增长率时,经济才能实现长期稳态,但这样的增长几乎是不可能的,该路径常被称为"刃锋式"的经济增长。在此基础上,罗伯特·默顿·索洛(Robert Merton Solow)和斯旺(Swan)在1956年提出了新古典主义经济增长理论,与哈罗德—多马模型不同的是,它假设资本与劳动可以相互替代,认为经济增长取决于劳动、资本、技术进步,且投入具有规模报酬递减规律。索洛—斯旺经济增长模型认为当经济增

长达到稳定状态时,产出的增长依赖于储蓄率、人口增长率和技术进步率,用生产函数可表示为:

$$Y_{z,t} = A_{z,t} K_{z,t}^{\alpha} L_{z,t}^{\beta} \qquad (3-1)$$

在式(3-1)中,t 代表时期,z 代表地区,$Y_{z,t}$ 为潜在产出,$A_{z,t}$ 为技术进步,$K_{z,t}$ 为资本存量,$L_{z,t}$ 为劳动投入量,其中 α 和 β 分别为资本要素和劳动要素的边际产出弹性。为了分析数字经济对潜在产出的影响,本章将资本要素投入分解为信息技术资本存量与非信息技术资本存量,从而探究数字经济对潜在产出的影响作用,即:

$$Y_{z,t} = A_{z,t} K_{z,IT,t}^{\alpha_1} K_{z,N,t}^{\alpha_2} L_{z,t}^{\beta} \qquad (3-2)$$

其中,$K_{z,IT,t}$ 为信息技术资本存量,$K_{z,N,t}$ 为非信息技术资本存量,对式(3-2)两边同时取对数可得:

$$\ln Y_{z,t} = \ln A_{z,t} + \alpha_1 \ln K_{z,IT,t} + \alpha_2 \ln K_{z,N,t} + \beta \ln L_{z,t} \qquad (3-3)$$

式(3-3)两边同时对时间 t 进行求导,可得到:

$$\frac{dY_{z,t}}{Y_{z,t}dt} = \frac{dA_{z,t}}{A_{z,t}dt} + \alpha_1 \frac{dK_{z,IT,t}}{K_{z,IT,t}dt} + \alpha_2 \frac{dK_{z,N,t}}{K_{z,N,t}dt} + \beta \frac{dL_{z,t}}{L_{z,t}dt} \qquad (3-4)$$

进一步化简可得:

$$\frac{Y'_{z,t}}{Y_{z,t}} = \frac{A'_{z,t}}{A_{z,t}} + \alpha_1 \frac{K'_{z,IT,t}}{K_{z,IT,t}} + \alpha_2 \frac{K'_{z,N,t}}{K_{z,N,t}} + \beta \frac{L'_{z,t}}{L_{z,t}} \qquad (3-5)$$

其中,$Y'_{z,t}$、$A'_{z,t}$、$K'_{z,IT,t}$、$K'_{z,N,t}$、$L'_{z,t}$ 分别表示产出、全要素生产率、信息技术资本、非信息技术资本、劳动增长率对时间 t 的导数。

由式(3-5)可以看出,潜在产出增长率共受到全要素生产率、信息技术资本、非信息技术资本、劳动这四者增长率的影响。通过上文对经济增长的理论分析,本章提出数字经济对潜在经济增长率的影响主要表现在以下五个方面。

一、数字经济通过全要素生产率影响潜在经济增长率

全要素生产率(Total Factor Productivity,TFP)是经济增长的动力来源,其反映了经济系统中所有投入以外的,纯技术进步的增长率。罗默(Paul M.Romer)在1984年开创的新经济增长理论将技术进步内生于生产函数中,认为技术进步是经济增长的核心,并将劳动投入扩大到人力资本,包括劳动力的教育水平、生产技能训练和相互协作能力。罗默认为,一方面,由于干中学和知识溢出的作用,人力资本的收益递增可以缓解其他要素的边际报酬递减,使总产出规模报酬递增;另一方面,在物质资本的积累过程中,包含着因研究与开发、发明、创新等活动而形成的技术进步,促进了经济增长。因此,经济增长的关键作用来源于知识和技术进步。

数字经济包括计算机、互联网、人工智能等信息技术,其核心为大数据,这一特点使这些行业数据传输速度较快、信息共享效率较高,具有更高的溢出效应,在各个部门之间协同效率较高。而传统制造业,例如钢铁冶炼、煤矿开采、机器制造等行业的生产活动通常为上下游流水线工作,其生产过程在不同部门之间协同程度较低。互联网技术的使用可以帮助企业减少人力成本、加强部门间的信息交流效率,提高企业的管理效率、经营效率,从而提高企业生产效率,提高企业全要素生产率。

摩尔定律揭示了硬件价格的快速下降和信息技术进步的速度,经济高质量发展正是得益于信息技术产业的高速发展和大范围应用。根据中国互联网络信息中心发布的第49次《中国互联网络发展状况统计报告》,截至2021年12月,我国网民规模达10.32亿,互联网普及率为73.0%。根据《中国两化融合发展数据地图(2020)》显示,2020年,我国企业的生产设备数字化率48.7%。随

着信息技术不断发展,科技创新不断积累,数字经济对全要素生产率的作用大幅提高。互联网既会对服务业全要素生产率产生促进作用,也会对制造业全要素生产率产生提升作用。据统计,2020年我国移动电商市场交易额突破 8 万亿元,较 2019 年增长19.7%,我国手机网络购物用户规模呈爆发式增长,截至 2021 年 6月底,我国手机网络购物用户规模达 8.12 亿人,手机网络应用使用率高达 80.3%。如此大规模发展得益于电子商务交易的快速崛起,更与移动互联网终端的创新更迭息息相关。以餐饮业为例,越来越多的线下餐饮转为线上经营,外卖平台的发展使顾客仅通过手机下单就可足不出户享受美食,既可为经营者节省租金成本、装修成本、服务成本,还可以为餐厅带来网络客流量,开辟网络餐饮市场,如此便可提高企业经营效率,提升全要素生产率。据中国互联网络信息中心发布的第49次《中国互联网络发展状况统计报告》显示,截至 2021 年 12 月,我国在线外卖行业用户规模达 5.44亿人,同比增长 29.9%,同年我国外卖行业市场交易额达 6035 亿元,市场渗透率达 13%。互联网对制造业全要素生产率也有提升作用,人工智能、互联网+等技术推动互联网与制造业深度融合,智能制造可以缩短产品研制周期,提高产品生产质量和效率,大幅提高劳动生产率,抵销劳动力、原材料等要素成本上涨带来的影响。由此可见,数字经济已逐渐与服务业、制造业深度融合,提高全要素生产率。

二、数字经济通过信息技术资本投入影响潜在经济增长率

数字经济通过信息技术资本投入影响潜在产出。信息技术边际成本递减效应的存在和干中学导致技术资本价格下降,对传统要素投入产生极大的替代作用,从而对经济增长产生贡献。如图3-1所示,我国信息传输、计算机服务和软件业增加值在18年间持续增长,由2004年的4236.32亿元上升到2021年的43956.5亿元,年均几何增长率达13.88%。信息传输、计算机服务和软件业已成为我国经济的重要组成部分,对潜在经济增长有巨大贡献作用。

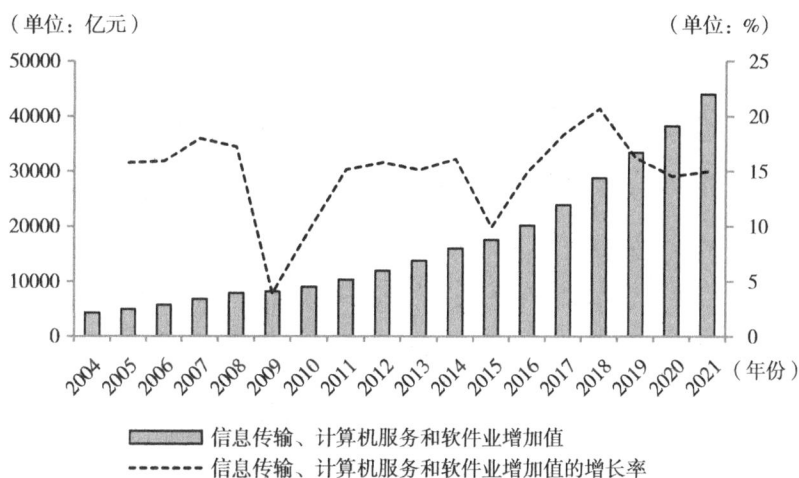

图3-1　2004—2021年信息传输、计算机服务和软件业增加值及其增长率
注:资料来源于国家统计局。

随着技术不断创新,互联网基础设施不断完善,物联网、大数据、云计算的快速发展与广泛应用催生了一批新产业、新业态,数字经济与其他产业也加速融合,具体表现在以下两方面。

(一)数字经济加大了农业的互联网基础设施投入

农业相关的互联网基础设施投入主要指用于农业数据开发与传输以及智能化农业的相关资源和设备,不仅包括农村光纤电缆、移动互联网等基础设施,还包括智能化农业设备,例如自动播种机、收割机、低空无人洒水装备。这些设备可以使农户在计算机或其他智能终端上以更形象、直观的可视化方式看到农作物生长情况、播种情况、收割情况,减少农户负担。同时,这些智能化信息技术通过结合设备指导农业预测、实施生产,为农业生产全过程提供高水平的服务,对促进农业智能化生产具有重要意义。

(二)数字经济加大了工业的数字化、网络化、智能化的互联网基础设施投入

工业互联网基础设施投入主要包括两类:一类是硬件投入,例如网络连接设备、半导体软件、数字传感器等设备,还有光纤、数字微波、双绞线、光缆等传输介质;另一类是联网应用平台的投入,例如智能家居系统平台、安防管理和社区联网应用平台。工业智能化并不简单地指工业自动化、机械化,而是指物理设备、电脑网络、人脑智慧相互融合、三位一体的新型工业体系,包括自适应、自校正、自诊断等智能化功能和知识处理、专家系统等智能化技术。工业智能化大幅度提高了制造效率,提高产品质量,降低产品成本和资源损耗,将传统工业提升到智能化新阶段。

通过对第一、第二产业互联网基础设施的投入,提升了第一、第二产业的智能化水平,加快了生产效率,增加了产出。主要表现在信息技术产业增加值持续上涨,数字化产业规模越来越大,吸引了越来越多的就业人员加入第一、第二产业,对潜在经济增长率产生影响。

三、数字经济通过创新驱动影响潜在经济增长率

技术进步是潜在经济增长率提升的重要源泉(郭晗,2014)。

技术进步不仅是生产前沿面的推升,更是创新前沿面的延伸。以大数据、云计算、5G 等为代表的数字经济不仅带来了新的数字技术,更能催生新产品、新业态和新模式,将有效带动创新活动,从而提升潜在经济增长率。根据创新内容的不同,创新可分为技术创新、组织创新与商业模式创新。

(一)数字经济通过技术创新提升潜在经济增长率

首先,数字技术能够突破时间与空间的限制,增强信息、知识的传递效率,降低交易成本。对于消费者而言,数字技术可以满足不同消费者的异质性需要,催生对于定制化商品和服务的新需求。对于企业而言,企业将根据消费市场的变化调整生产方案,扩充生产和服务的类型。可见,数字经济下的技术创新催生了新的需求,带动了新的消费,从而提升了消费的潜力。其次,数字技术的应用将有效缩短技术创新的周期。以海尔卡奥斯平台(COSMOPlat)为例,企业能够有效利用工业互联网平台收集用户定制信息,根据实际需要对产品和服务作出优化与改进。此外,数字技术下,新技术的传播和学习速度更快捷,企业能够快速吸收新技术,并在此基础上进行二次创新,形成创新的正反馈循环,从而提高潜在产出。

(二)数字经济通过组织创新提升潜在经济增长率

互联网、物联网等信息系统的应用降低了企业管理成本,提高了企业管理效率以及信息传递效率。传统的企业管理模式为自上而下的"金字塔"式,领导将决策下发到各部门,各部门逐一按照流程实施。而网络平台的应用将各部门间的工作转变为平行运作模式,各部门作为独立运作的个体,分别进行决策,管理模式转变为自下而上模式。组织创新使企业去中心化发展,发展为不设置管理层级、不设立部门、以项目为任务或目标的分布式管理模式。组织创新减少了企业决策风险,降低了企业的管理成本,企业可以将资金用于生产活动,提高企业产出能力,促进潜在经济增长。

(三)数字经济通过商业模式创新提升潜在经济增长率

商业模式创新革新了传统的线下交易方式,转变为线上线下融合发展的电子商务交易,据《中国电子商务报告 2020》统计,2020 年我国电子商务交易额为 37.21 万亿元,同比增长 4.5%,占社会零售总额的比重超过 10%。这种创新的零售模式使生产者依据消费者的需求进行个性化生产,减少双方的信息不对称,降低成本,提升交易质量和效率。同时,线上交易为双方提供了一个不受时间、空间约束的交易方式,正是由于这种交易的泛在化,为交易打开市场,扩大交易范围,增加交易额,提高生产价值。

四、数字经济通过产业结构升级影响潜在经济增长率

数字经济会促使产业结构向合理化与高级化转变升级,从而提高潜在经济增长率。产业结构升级是指产业结构由低级形态向高级形态转变的过程,例如经济结构从以纺织业为主转变为以工业、化学为主;从以原材料生产为主转变为以零件加工组装为主;从以低附加值的劳动密集型产业为主升级为以高附加值的技术密集型产业为主。产业结构升级的主要原因是发生了技术进步以及产生了比较优势,而数字经济会促进技术进步,对于产业结构升级具有重要意义。钱纳里(Hollis B. Chenery)和库茨涅兹(Simon Smith Kuznets)提出,产业结构会随经济发展水平的变化而升级,

在经济较不发达的国家中,产业结构以第一产业为主,例如农业、林业、渔业、畜牧业和采集业的占比较高,因为这些产业不需要高技术作为支撑,仅利用简单劳动力便可进行生产。但随着经济发展,第二、第三产业占比逐渐升高,2018年我国第二、第三产业就业人员占比超七成,服务业占主导的现代产业模式逐步形成。随着城市化发展和技术创新,第三产业占比将大幅上升,经济由高速增长转为高质量发展,第三产业对 GDP 的拉动作用明显增强,成为吸收劳动力就业的主渠道,对潜在经济增长具有重要作用。本节主要以农业和制造业为例,说明数字经济对其产生的影响。

(一)数字经济对农业的影响

1. 畅通农业销售渠道,降低农业交易成本

近年来,网络直播带货的蓬勃发展,有助于农户搭上互联网快车,极大地解决了农产品滞销问题,也解决了消费者线下购买难等问题。同时,通过消费者的线上购买降低了采购的时间成本和人力成本,也降低了线下销售所需的租金成本和交易成本,对消费者和生产者双方都将产生极大好处。

2. 农业生产的核心由"人"向"数据"转化升级

传统农业生产主要依据个人经验积累,因此传统农业生产有种植效率低、质量不可控等缺点。但数字经济通过数字化的方式对传统农业进行了改造,例如农田摄像头的安装、可视化设备的应用、温湿度监测仪、无人洒水设备的智能化改造,海量数据的收集和分析帮助农户进行生产决策,全方位帮助提升农业生产效率。

3. 促进农业服务化,重构农业产业体系

随着信息网络的发展,数字经济以其强渗透性和融合性的特点与农业产业深度结合,"互联网+农业"这一新兴业态创新和重构了农业全产业链。"数据"作为数字经济的核心生产力要素之一,在农业播种、农业管理、农业收割中减轻农户负担,一系列可视化设备的广泛应用有助于专业研究人员远程指导农业管理工作,减少农业种植出错率,提高农业种植效率。在农产品销售、智慧物流、农产品品牌推广等环节,拓宽农产品销售渠道、增强农产品品牌认知度、全面赋能农业产业化服务体系,提高农业产业的能级和效率。

数字经济以"数据"这一核心生产要素颠覆了传统农业生产方式,革新了农业组织形态。数字化、信息化的应用提升了农产品的附加值,驱动农业由增产导向转向提质导向,加快农业由生产导向转向需求导向,不仅为农户带来效率提升,也为消费者提供更加个性化产品,重塑农业产业结构,提升农业生产效率,推动潜在经济增长。

(二)数字经济对制造业的影响

1. 数字经济推动制造业向智能化制造转型

智能制造是以数字化的信息为驱动力,由智能化系统、智能化机器和人共同组成,将人工智能技术嵌入生产过程,以此来提高设备的智能化水平,通过深度学习使其能够判断最佳的参数,并实现机器在生产过程中能够更加高效地进行工作。近年来,数控通信设备、3D智能打印机、机器人在制造业领域广泛应用,极大地解放了生产力,颠覆了制造业生产,引发了制造业变革。

2. 数字经济推动制造业服务化转型

数字技术将远在天南海北的生产者和消费者"集聚"在网络上,使消费者可以直接依据自己偏好参与定制生产,也可以使供给方根据个性化需求设计、交付,提高双方交流效率。数字经济通过人工智能分析用户需求,还可以帮助制造业企业对需求市场进行精准预测,从而优化营销方案,以物联网、大数据和人工智能算法,对产品进行实时监测和远程管理,提升产品的售后服务,带给客户更好的体验,改变了企业竞争和创新方式。

制造业作为立国之本和强国之基,要走在发展数字经济的最前端。数字经济推动制造业智能化转型、服务化转型,推动制造业向高附加值转型升级,促进了制造业实现新生产模式、新产品开发、新销售模式,重塑制造业结构形态,提高制造业生产效率,从而对经济增长产生影响。

五、数字经济通过降本增效影响潜在经济增长率

数字经济通过互联网通信技术,会显著降低企业的交易成本、资本成本、人力成本以及生产成本,从而提高企业全要素生产率,影响潜在产出。

(一)数字经济会降低企业交易成本

数字经济主要通过优化交易的搜寻过程并提高交易的达成效率。如图 3-2 所示:左下侧图中,X 轴为市场范围,Y 轴为成本与收益之比,l_1 为不存在互联网时搜寻的边际成本,l_2 为存在互联网时搜寻的边际成本。当不存在互联网时,搜寻的边际成本与边际收益的均衡点为 A 点,这时,成本与收益之比为 C_1,市场范围为 S_1。但随着互联网等信息技术的发展,增加了销售渠道,减小了人力投入,提高了交易效率,使搜寻的边际成本曲线下降到 l_2,此时,均衡点变为 B,成本与收益之比为 C_2,市场范围为 S_2。从图

3-2中可以看出,互联网的发展,降低了成本收益比,扩大了市场范围,从而提升市场效率,加快潜在经济增长。

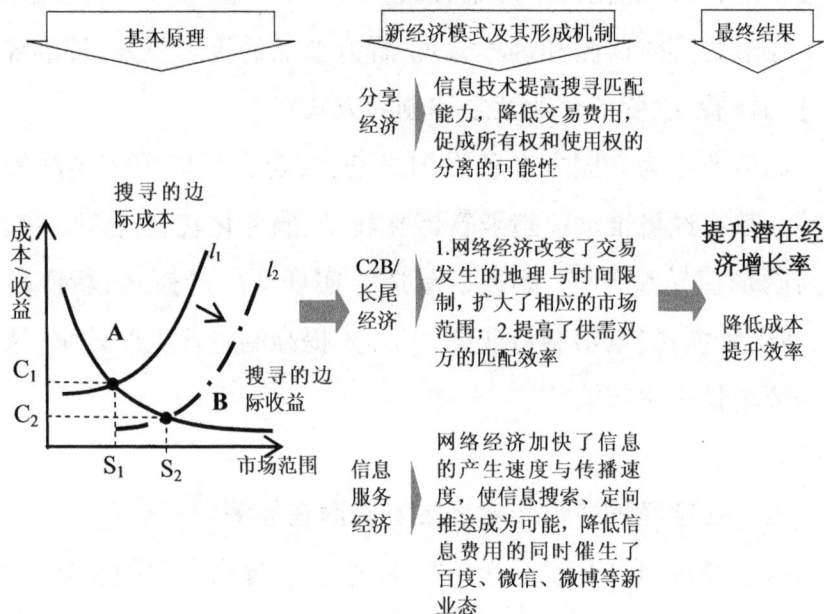

图3-2 搜寻成本机制图

(二)数字经济会降低企业资本成本

企业资本成本的降低,需要企业合理安排筹资期限,提前做好筹资计划工作。而随着网络不断完善,一大批互联网金融平台如雨后春笋般层出不穷,增加了企业的融资渠道,节约了筹资的人力、财力和物力,提高了筹资效率,使企业对资金的利用效率提高,避免资金闲置。

(三)数字经济会降低企业经营成本

互联网销售平台拓宽了企业的销售渠道,让企业线上+线下同时销售成为可能,缩短了销售周转的库存时间,从而降低了企业的库存成本。

例如供应链管理软件(Supply Chain Management,SCM)通过信息手段,对供应的各个环节中的物料、资金、信息等资源进行计划、调度、调配,形成用户、零售商、分销商、制造商、供应商的全部供应过程。因此,数字化有利于促进供应链革新,通过对信息流、物流、资金流进行分析并整合,以获得竞争优势。

例如客户关系管理软件(Customer Relationship Management,CRM)使用了相互联系的信息技术与互联网技术为企业重新构建了客户网络,使企业与客户之间的关系超越了传统的信息交流方式,他们之间的交流不再受时间和空间的限制,有效提升了企业的管理水平,并且使客户体验得到了多样化与个性化发展。客户关系管理软件系统将客户信息以数据的形式,具体化、立体化地帮助企业作出营销策略,降低营销成本,提高销售效率。

(四)数字经济会降低企业人力成本

人工智能等技术使机器人代替人进行简单冗杂的工作,极大地解放了人力资本,而且可以实现人与人之间低成本、零距离、无障碍的互动,实现了信息的对称和透明,客户、员工互动参与、交融,无障碍表达价值诉求与期望。

例如腾讯会议、钉钉办公软件等网络平台在疫情期间为企业员工提供远程办公的可能性,将原本的"地理集聚"转变为网络上的"虚拟集聚",降低了企业的沟通成本,节约了时间成本。例如企业资源计划软件利用信息技术对企业提供管理支持,可以跨地区、跨部门整合信息,降低由于人员冗杂所导致信息交流中的信息损失,降低了人力成本。

第二节　数字经济推动潜在经济增长率的路径

一、推动创新驱动发展

(一)加强政府的创新投入

要继续加强对互联网、云计算、大数据等核心技术以及基础设施的建设,尤其是要鼓励企业在人工智能、云计算、大数据等方面加强创新投入,引导企业由数量扩张向提质增效转型发展。形成促进产业变革的新局面,突破制约经济社会发展的重大"瓶颈"问题,在关键核心技术攻克难题上,破解"卡脖子"难题,在核心技术上进行自主创新,杜绝关键核心技术长期受制于人的被动局面,形成自身的比较优势,让创新成为国家繁荣发展的源动力。

(二)加强对知识产权的保护

数字经济以网络化和智能化为特点,其强渗透性、强融合性容易在产品理念、交互设计等方面出现"搭便车"的现象,造成成果抄袭与盗窃,所以在数字经济这新一轮科技革命的大背景下,知识产权的无形性更加明显,我们要革新原有知识产权保护的重点,寻找知识产权保护新模式。一方面,要注重特定领域的知识产权战略规划。在人工智能、5G、新基建等新领域加快知识产权保护法案的制定,使法律法规的制定符合广大人民群众的利益,积极探索新领域的知识产权保护工作。另一方面,要反过来利用互联网技术提升知识产权管理效率。建立知识产权保护数据共享平台,利用网络进行知识产权调查,不断优化知识产权管理系统,提高知识产权审查效率。同时制定更加严格的互联网准入机制,提高侵权成本,利用网络对侵权违法分子进行追踪,净化网络空间。

(三)加强科技人才培养

人才是创新的根基,谁拥有一流的创新人才,谁就拥有了科技创新的优势和主导权。要创新人才引进机制,出台人才引进优惠待遇,提高人才竞争力,激励重点行业和关键领域用人单位通过项目引进、合作引进、兼职引进等方式柔性引进科技人才。要加强教育投入力度,积极探索和推动基础学科、交叉学科的创新人才培养模式。同时企业也要尊重人才、重视人才,建立激励制度吸引人才,构建坚实的人力基础。

二、推动经济结构转型升级

(一)制定"互联网+"发展战略

在各行业稳定发展的前提下,推动互联网与各行业的深度融合,促进移动互联网、云计算、大数据、物联网与制造业现代化深度融合,推动电子商务、工业互联网与互联网金融良性发展。要重点关注5G、虚拟集聚、新基建等发展水平的提升,尤其要重视高精尖技术引进,以信息产业龙头、通信制造企业为榜样,布局联合科技孵化基地,利于信息交流共享,加快互联网技术创新速度,不断进行科技创新,提升核心竞争力。

（二）推动产业转型发展

推动农业转型升级,加大智能设备在农业种植中的应用力度,拓宽农业销售渠道,降低农业人力成本。推动第二产业智能化、服务化发展,以互联网、信息化、人才为基础,推动智能制造、物联网、大数据、云计算在制造业中的应用,实现工业、制造业转型升级。对于第三产业,要加大服务业的技术密集型转型,善于运用互联网等新兴技术,加快服务业智能化、特色化发展,提高企业竞争力,提高服务业生产效率,为经济高质量发展贡献科技力量。

三、加快互联网产业繁荣

（一）加强对互联网产业的投入

将经费和人力的投入进一步向互联网行业倾斜。要进一步完善互联网产业规划布局,落实产业园区的优惠政策,用优势资源吸引投资者和创业者,加大互联网产业发展规模。进一步加大互联网产业培育力度,加强各级政府对互联网产业的支持力度,着力解决投资难、融资难等问题,培养鼓励企业利用互联网进行成果研发与转化,鼓励高校利用互联网展开科学研究,提升创新效率,扩大潜在产出。

（二）净化互联网产业环境

避免互联网垄断平台的出现,出台互联网行业垄断的相关管理政策,对于新的商业模式与产品需要进行持续追踪与监管,进一步规范企业良性竞争。构建商业主体纠纷与争议的受理、处理与仲裁机制,防范市场风险并强化危机意识,促进互联网企业良性竞争,建立健全相关法律法规。呼吁企业自我监管,强化各商业主体的责任意识,逐步引导形成行业规范,维护良好从业风气,促进商业主体自觉守法,维护商业秩序。互联网产业发展不是一蹴而就的,只有不断净化互联网环境,才能促进互联网产业升级。

第三节　数字经济对中国潜在经济增长率的贡献

数字经济是指借助大数据、云计算等新一代数字技术对原有的经济形态进行优化升级后形成的全新经济形态。数字经济最为显著的特征是共享、互联、适应性强,因此数字技术能够直接应用到各行各业之中,从而对传统的经济发展模式进行优化升级。我国数字经济占 GDP 的比重从 2010 年的 5.5% 增长到 2020 年的 38.6%,数字经济将成为未来经济增长的新引擎。

一、中国潜在经济增长率测算模型构建

(一)测算方法

对潜在经济增长率的测算实质是对潜在产出或者 GDP 进行测算。目前学术界对潜在 GDP 的测算可以归纳为三类方法:一是利用平滑工具从时间序列中分解出趋势成分和周期成分测算潜在经济增长率的趋势统计法;二是基于菲利普斯曲线、生产函数等经济学理论基础分析测算经济结构关系的方法;三是以上两者的混合型测算方法。其中趋势统计法的优点在于简便易用,计算精度

较高,缺点则是没有经济理论的支撑,对估计结果缺乏较强的解释性。以经济学理论为基础测算经济结构关系的方法的优点是具备经济理论分析的支撑,能充分地考虑影响潜在产出的要素贡献,缺点则是对数据质量要求严格,以及要充分满足生产函数规模报酬不变等假设条件,容易导致估计结果存在误差。而混合型测算方法吸收了上述两类方法的优点,既有经济理论的支撑也有较为精确的测算结果。但仍存在适应性的问题,可能无法对某些地区进行测算。综合上述分析和研究目的,本章选取生产函数法测算潜在经济增长率,因为生产函数法能够更为全面地考虑潜在产出在供给方面的特征,除了测算潜在经济增长率,还要测算出各要素对潜在产出的贡献程度,因此本章选取生产函数法测算潜在经济增长率。

生产关系式的数学表达式为:

$$Y = f(X_1, X_2, X_3) \tag{3-6}$$

其中,Y 表示总产出,X_1,X_2,X_3 为投入的不同生产要素,据此生产关系式,学术界构造了三个主流的生产函数:C-D 生产函数、CES 生产函数和超越对数生产函数:

1. C-D 生产函数

$$Y = A K^\alpha L^\beta \tag{3-7}$$

其中,Y 是总产出,K 表示资本的投入,L 表示劳动力投入,A 指技术水平,对式(3-7)关于 K 和 L 求一阶偏导可得:

$$\frac{\partial Y}{\partial K} = A\alpha K^{\alpha-1} L^\beta = \alpha \frac{Y}{K} \tag{3-8}$$

$$\frac{\partial Y}{\partial L} = A\beta K^\alpha L^{\beta-1} = \alpha \frac{Y}{L} \tag{3-9}$$

对式(3-8)及式(3-9)进行移项可得:

$$\alpha = \frac{\partial Y}{\partial K} \times \frac{K}{Y} = \frac{\dfrac{\partial Y}{Y}}{\dfrac{\partial K}{K}} \qquad (3-10)$$

$$\beta = \frac{\partial Y}{\partial L} \times \frac{L}{Y} = \frac{\dfrac{\partial Y}{Y}}{\dfrac{\partial L}{L}} \qquad (3-11)$$

根据经济学的弹性定义,α 表示为资本的边际产出弹性,β 为劳动的边际产出弹性。

2. CES 生产函数

$$Y = A[\delta K^{-\rho} + (1 - \delta) L^{-\rho}]^{-\frac{v}{\rho}} \qquad (3-12)$$

其中,K 表示资本的投入,L 表示劳动力投入,A 指技术水平,δ 为产出弹性,ρ 为替代参数,v 指规模报酬参数。

3. 超越对数生产函数

当投入要素仅为资本和劳动时此生产函数的形式为:

$$\ln Y = \alpha_0 + \alpha_K \ln K + \alpha_L \ln L + \frac{1}{2}\alpha_{KK} (\ln K)^2$$

$$+ \frac{1}{2}\alpha_{LL}(\ln L)^2 + \alpha_{KL}\ln K \ln L \qquad (3-13)$$

关于 $\ln K$、$\ln Y$ 分别求导时,可得要素投入对产出的弹性为:

$$\varphi_K = \frac{\dfrac{dY}{Y}}{\dfrac{dK}{K}} = \frac{d(\ln Y)}{d(\ln K)} = \alpha_K + \alpha_{KK}\ln K + \alpha_{KL}\ln L \qquad (3-14)$$

$$\varphi_L = \frac{\dfrac{dY}{Y}}{\dfrac{dL}{L}} = \frac{d(\ln Y)}{d(\ln L)} = \alpha_L + \alpha_{LL}\ln L + \alpha_{KL}\ln K \qquad (3-15)$$

对上述三种生产函数进行比较分析,我们可以得出:超越对数函数最为复杂且其估计出的参数需要经过进一步变换才具有经济学意义。CES 生产函数的参数也需要进行数学变化才能看出其经济意义。而 C-D 生产函数最为简洁明了,其估计参数具有直观的经济学含义:α 为资本的边际产出弹性,β 为劳动的边际产出弹性。因此本章将选取 C-D 生产函数构建测算潜在经济增长率模型,通过纳入信息技术产业资本存量,研究数字经济对中国潜在产出的贡献。

(二)测算模型的构建

本章选取 C-D 生产函数形式,具体如式(3-16)所示。

$$Y_t = A_t K_t^{\alpha} L_t^{\beta} \qquad (3-16)$$

其中,Y_t 是第 t 年的潜在产出,L_t 表示第 t 年的劳动力投入,K_t 表示第 t 年的资本投入,A_t 指第 t 年的技术水平。

对式(3-16)两边求对数:

$$\ln Y_t = \ln A_t + \alpha \ln K_t + \beta \ln L_t \qquad (3-17)$$

对式(3-17)求一阶导数:

$$\frac{dY_t}{Y_t} = \frac{dA_t}{A_t} + \alpha \frac{dK_t}{K_t} + \beta \frac{dL_t}{L_t} \qquad (3-18)$$

式(3-18)移项可得:

$$\frac{dA_t}{A_t} = \frac{dY_t}{Y_t} - \alpha \frac{dK_t}{K_t} - \beta \frac{dL_t}{L_t} \qquad (3-19)$$

$\dfrac{dA_t}{A_t}$ 指全要素增长率，$\dfrac{dY_t}{Y_t}$ 指产出的增长率，$\dfrac{dK_t}{K_t}$ 指资本存量

的增长率，$\dfrac{dL_t}{L_t}$ 指劳动的增长率。利用 OLS 估计出参数 α、β，再

将各行业 $\dfrac{dY_t}{Y_t}$、$\dfrac{dK_t}{K_t}$、$\dfrac{dL_t}{L_t}$ 代入式（3-19），可以得到不同行业的全

要素生产率。

本章为了计算数字经济对中国潜在经济产出的贡献程度，在 C-D 生产函数的基础上将资本 K 划分为与数字经济相关资本投入以及与数字经济非相关的资本投入，构建了一个与数字经济相关的生产函数模型：

$$Y_{z,t} = A_{z,t} K_{z,IT,t}^{\alpha_1} K_{z,N,t}^{\alpha_2} L_{z,t}^{\beta} \tag{3-20}$$

其中，z 代表地区，t 代表时期，$Y_{z,t}$ 为潜在经济产出，$A_{z,t}$ 指技术水平，$K_{z,IT,t}$ 为数字经济相关资本投入，$K_{z,N,t}$ 为数字经济不相关资本投入，$L_{z,t}$ 代表劳动投入量，α_1 为信息技术资本边际产出弹性，α_2 为非信息技术资本边际产出弹性，β 为劳动的边际产出弹性。

对式（3-20）两边求对数可得：

$$\ln Y_{z,t} = \ln A_{z,t} + \alpha_1 \ln K_{z,IT,t} + \alpha_2 \ln K_{z,N,t} + \beta \ln L_{z,t} \tag{3-21}$$

再对式（8-16）求一阶导数：

$$\frac{dY_{z,t}}{Y_{z,t}} = \alpha_1 \frac{dK_{z,IT,t}}{K_{z,IT,t}} + \alpha_2 \frac{dK_{z,N,t}}{K_{z,N,t}} + \beta \frac{dL_{z,t}}{L_{z,t}} + \frac{dA_{z,t}}{A_{z,t}} \tag{3-22}$$

通过对生产函数的变换，将其转化成为增长率形式，其中 $\dfrac{dA_{z,t}}{A_{z,t}}$ 为全要素生产率，将各变量代入式（3-22）中计算即可得到潜

在经济增长率 $\dfrac{dY_{z,t}}{Y_{z,t}}$。

(三)数据来源及处理方法

数据来源于 wind 数据库中的宏观经济数据库,由于 2003 年前我国统计标准一直按三次产业分类,并无行业分类数据,因此本章选取 2004—2020 年中国分行业的去除价格因素(2003 年=100)的实际增加值作为产出 Y,分行业劳动投入和分行业的资本存量由下文处理方法计算得出,由此测算出分行业的 TFP 增长率。为确保测算的精确性,本章还选取了 2004—2020 年全国 31 省(自治区、直辖市)的面板数据进行回归估计,并将资本存量划分为信息技术产业资本和非信息技术产业资本,以此来测算数字经济对潜在经济增长的贡献率。指标选取和数据处理方法如下(本章选取 2003 年为基期)。

1. 实际产出

为了减少价格因素给研究结果带来影响,用 GDP 平减指数将产出调整为以 2003 年为基期不变价格计算的产出值。根据《中国统计年鉴》GDP 平减指数(2003 年=100)计算公式:

$$GDPD_t = \frac{GDP_t}{GDP_{t-1} \times GDPI_t} \tag{3-23}$$

其中,$GDPD_t$ 为 t 年 GDP 平减指数(2003 年=100),根据式(3-22)我们可以推导出 GDP 平减指数的环比指数计算公式:

$$GDPI_t = \frac{GDP_t}{GDP_{t-1} \times GDPD_t} \tag{3-24}$$

通过式(3-24),用各期环比指数连乘即可求得以 2003 年为基期的 GDP 平减指数,再用每年 GDP 除以当年 GDP 平减指数最终得到历年实际 GDP。

2. 信息技术资本存量

数字经济的核心产业是现代信息技术产业,主要包括电子计算机相关的硬件设备和相关的软件产业以及现代化信息技术服务业。因此本章使用信息技术资本存量来度量数字经济的资本存量,即信息技术制造与服务业全社会固定投资额,数据来源于wind 数据库中的宏观经济数据库。为了估算我国 31 个省(自治区、直辖市)在 2004—2020 年的信息技术资本存量,首先要测算其信息技术基期资本存量,学术界主流的测算方法为增长率法(Wong,2004;Shinjo,Zhang,2003;施莉、胡培,2008),其计算公式如下:

$$K_0 = \frac{I_1}{\delta + g} \tag{3-25}$$

K_0 指基期信息技术资本存量,I_1 指第一年信息技术固定投资的投资额,δ 为信息技术资本的折旧率,g 指测算期内固定投资额的平均增长率。此测量方法计算简便,后续估算结果便于比较。

还有部分学者使用整体法来测量信息技术基期资本存量,假定初始的信息技术资本存量等于以往所有年份信息技术投资额的简单加总,忽视了时间因素对资本产生折旧影响,因此后续的测算结果将会偏离实际值较多。

据此,本章采用增长率法构造信息技术初始资本存量的方法:

$$K_{IT,0} = \frac{I_{IT,1}}{\delta + \bar{g}} \tag{3-26}$$

$K_{IT,0}$ 指初期信息技术资本存量,$I_{IT,1}$ 指测算期内第一年信息技术产业的全社会固定投资额，δ 为信息技术资本的折旧率，$\bar{g}$ 指测算期内固定投资额的平均增长率(本章选取 2004—2020 年全国平均投资增长率速度将其记为 $\bar{g}$)。目前统计局并未提供公开的信息技术资本存量的数据，因此对于各省(自治区、直辖市)第 t 年的信息技术资本存量采取间接估计法，即国际上常用的永续盘存法来测算，具体计算公式如下：

$$K_{IT,t} = \frac{I_{IT,t}}{P_{i,t}} + (1 - \delta) K_{IT,t-1} \tag{3-27}$$

$K_{IT,t}$ 指第 t 年信息技术资本存量，$I_{IT,t}$ 为第 t 年信息技术产业的全社会固定投资额，$P_{i,t}$ 为第 t 期固定资本投资平减指数(2003＝1)，δ 指固定资产折旧率。

3. 非信息技术资本存量

由于本章将总资本 $K_{z,t}$ 划分为与信息技术资本以及非信息技术资本，因此非信息技术资本的计算公式为：

$$K_{z,N,t} = K_{z,t} - K_{z,IT,t} \tag{3-28}$$

本章使用式(3-26)计算初期的总资本存量 $K_{z,0}$。对于折旧率的选择，学术界争议较大，吴国培(2015)认为折旧率选取的差异性会导致估算结果出现较大的差异，郭豫媚、陈彦斌(2015)假设折旧率为 5%，郭晗、任保平(2014)以张军的折旧率研究结果 9.4% 进行计算。综上所述，选取的折旧率在 5%—10% 这一范围内，根据以往计算经验和实际经验，本章选取 8% 作为折旧率。

4. 劳动力投入以及潜在的就业人数

本章选取年末从业人员数来衡量劳动力投入。进一步为了精确测量潜在经济增长率，本章使用 HP 滤波对年末就业人数进行调整，获得潜在就业人数的估计值。

二、数字经济对中国潜在经济增长率贡献测算

（一）中国2004—2020年全要素生产率增长率的测算

本章的目的是借助于对全要素生产率增长率的测算,将其分解成信息技术行业和非信息技术行业的贡献。因此选取2004—2020年19个行业的数据来测算其全要素生产率,再利用各行业产出占总产出比重作为权重加权得到这一时期整体的全要素生产率。

1. 数据说明

在《国民经济行业分类》中,共计19个行业,数据来源为wind数据库中的宏观经济数据库,以2004年为基期的分行业实际增加值作为实际产出Y,将分行业的就业人数通过HP滤波得到分行业的潜在就业人数,再以分行业固定投资额作为原数据利用永续盘存法计算得出分行业的资本存量,变量的描述性统计如表3-1所示。

表3-1　变量的统计性描述

变量	样本量	均值	标准差	最小值	最大值
Y	323	19687.65	29103.01	768.57	200280.37
K	323	93685.73	197118.97	365.68	1357797.16
L	323	784.15	959.44	44.73	4625.30
$\ln Y$	323	9.29	1.07	6.64	12.21
$\ln K$	323	10.15	1.68	5.90	14.12
$\ln L$	323	6.13	1.71	3.80	8.44

注:表格由笔者整理所得。

2. 回归分析

将19个行业的实际产出、潜在就业劳动力和资本存量代入式

(3-17)中,利用最小二乘法估计参数 α、β,并通过面板数据对式(3-17)采取固定效应和随机效应两种方法进行回归,再通过对比 Hausman 检验的结果选择最优的模型。模型回归结果如表3-2所示:在1%的水平下,模型各变量的系数均显著,由于 Hausaman 检验 P 值为0.4193,所以接受原假设,选取随机效应进行估计,且 α 与 β 分别取0.322与0.379。

表3-2 模型回归结果

	FE（固定效应）	RE（随机效应）
ln$K$	0.324 *** (32.08)	0.322 *** (32.10)
ln$L$	0.373 *** (10.81)	0.379 *** (11.15)
常数项	3.720 *** (23.25)	3.698 *** (15.41)
样本量	323	323
R^2	0.9102	0.9102
Hausaman 检验 P 值	0.4193	—

注:*** 、** 、* 分别表示在1%、5%、10%的水平下显著,括号里为 t 统计量。

3. 测算结果

将式(3-19)改为19个行业全要素增长率的计算公式,其中信息技术产业的全要素生产率如下式:

$$\frac{dA_{IT,t}}{A_{IT,t}} = \frac{dY_{IT,t}}{Y_{IT,t}} - \alpha\frac{dK_{IT,t}}{K_{IT,t}} - \beta\frac{dL_t}{L_t} \tag{3-29}$$

将 α、β 代入式(3-29),可以计算出信息技术产业的全要素生产率。同理可以得出各行业在2004—2020年的全要素生产率。计算结果如表3-3所示。可以看出,劳动密集型产业,如建筑业和制造业等全要素生产率的增长率远远低于资本、技术密集型产业,如金融业和信息技术制造与服务业等。而自2010年开始,我国多数行业全要素生产率增长率显著下降,例如制造业和建筑业等,但信息技术制造与服务业的TFP增长率不降反升。造成这一现象的主要原因是,作为技术密集型产业,对固定资产投资依存度较低,且近些年我国数字经济快速发展,数字技术成为新的生产力,极大地提高了信息技术产业的劳动生产率。

表3-3　2004—2020年我国各行业全要素生产率增长率　（单位:%）

行业	2004—2009年	2010—2015年	2016—2020年
农林牧渔业	−19.35	−20.78	11.88
采矿业	19.97	16.55	28.08
制造业	6.99	−3.41	10.03
电力、热力、燃气及水生产和供应业	27.64	12.90	9.02
建筑业	7.84	−5.19	6.16
交通运输、仓储和邮政业	3.97	−0.10	14.22
信息技术制造与服务业	7.38	6.69	13.80
批发和零售业	24.85	−4.00	10.23
住宿和餐饮业	−14.02	−16.88	14.34
金融业	31.71	−5.23	0.99
房地产业	−4.51	−29.12	−4.71
租赁和商务服务业	−17.52	−21.97	8.25
科学研究和技术服务业	0.27	−11.70	15.77
水利、环境和公共设施管理业	4.27	1.36	17.07
居民服务、修理和其他服务业	−2.25	−16.09	19.44
教育	28.86	16.47	19.74
卫生和社会工作	2.63	−1.57	12.90
文化、体育和娱乐业	7.77	0.66	19.91
公共管理、社会保障和社会组织	28.26	16.84	25.06

注:表格由笔者计算整理所得。

通过对行业层面的全要素生产率以各行业产出占总产出比值

作为权重赋值得到整体的全要素生产率,2005—2020 年的全要素生产率增长率如表 3-4 所示,从 2005—2011 年全要素生产率的增长率保持上升趋势,从 3.1681% 上升到 3.2922%,2012—2020 年全要素生产率的年度增长率在 3.3% 左右波动。

表 3-4　2005—2020 年全要素生产率增长率　　　　（单位:%）

年份	全要素生产率增长率
2005	3.1681
2006	3.1832
2007	3.2197
2008	3.2648
2009	3.2675
2010	3.2772
2011	3.2922
2012	3.2780
2013	3.2662
2014	3.2624
2015	3.2665
2016	3.2691
2017	3.2775
2018	3.2909
2019	3.3106
2020	3.3315

注:表格由笔者计算所得。

由于学者在全要素生产率的测算模型、数据信息和折旧率选取时会有所不同,导致对全要素生产率的测算结果也会存在差异,但大多数学者的研究结论都认为我国的全要素生产率增长率能够保持在 2%—4% 之间。比如王鹏、张健华(2012)使用随机前沿模型测算的 TFP 增长率为 2.48%。蒋伟杰、张少华(2014)在洛伊恩贝格尔(Luenberger)的基础上引入全要素生产率指数测算出我国全要素生产率的年增长率为 3.33%。本章基于表 3-4 计算出 2004—2020 年我国 TFP 年增长率为 3.22%,结果与大多数研究成果相符。

(二)中国 2004—2020 年潜在经济增长率的测算

本章将资本存量分解成信息技术行业资本存量以及非信息技术行业资本存量,构建囊括了资本要素投入结构的生产函数模型,借助中国 2004—2020 年省级面板数据回归估计参数 α 与 β ,在此基础上测算中国 2004—2020 年潜在的经济增长率,并进一步研究数字经济对中国的潜在经济增长率的影响。

1. 数据说明

本章的原始数据来自 wind 数据库中的宏观经济数据库,产出 Y 为实际 GDP, L 为潜在就业人数, K_{IT} 为信息技术行业资本存量, K_N 为非信息技术行业资本存量,样本数据的描述性统计如表 3-5 所示:

表 3-5　变量统计性描述

变量	样本量	均值	标准差	最小值	最大值
Y	527	15385.9	16164.3	197.9	102602.7
K_{IT}	527	583.1	515.2	10.4	3213.1
K_N	527	44149.9	48881.6	214.1	272616.6
L	527	2589409.2	1729250.2	1277633.3	7023356.6
$\ln Y$	527	9.1	1.2	5.3	11.5
$\ln K_{IT}$	527	6.0	1.0	2.3	8.0
$\ln K_N$	527	10.0	1.4	5.3	12.5
$\ln L$	527	16.7	0.9	14.1	18.1

注:表格由笔者整理所得。

2. 回归分析

将信息技术行业资本存量、潜在就业人数、非信息技术行业资本存量以及实际产出代入式(3-21)中,通过 OLS 估计参数 α_1、α_2、β,并通过面板数据对式(3-21)采取固定效应和随机效应两种方法进行回归,再通过对比 Hausman 检验的结果选择最优的模型。模型回归结果如表 3-6 所示。回归结果显示,在 1% 的水平下模型各变量的系数均显著,由于 Hausaman 检验 P 值<0.05,所以在 5% 的显著性水平下拒绝原假设,选取固定效应进行估计,且 R^2 为 0.9242,说明此模型的拟合效果良好,因此 α_1 为 0.0283、α_2 为 0.4685、β 为 0.3896。

表 3-6 模型回归结果

	FE(固定效应)	RE(随机效应)
lnKIT	0.0283 *** (2.06)	0.0392 *** (2.67)
lnKN	0.4685 *** (48.08)	0.4563 *** (45.79)
lnL	0.3896 *** (6.25)	0.4925 *** (14.48)
常数项	1.1094 *** (2.59)	0.2819 (1.62)
样本量	435	435
R^2	0.9242	0.9211
Hausaman 检验 P 值	0.000	

注:*** 、** 、* 分别表示在 1%、5%、10% 的水平下显著,括号里为 t 统计量。

3. 测算结果

由表 3-6 估计结果直接得出参数 α_1、α_2、β,将资本存量增长率、潜在就业人数趋势增长代入式(3-22)测算中国潜在经济增长率,测算结果如表 3-7 所示。从表中可以得到,2005—2020 年我国的潜在经济增长率整体呈现先升后降的趋势,其中 2007 年达到了 13.39%,自 2011 年后呈现缓慢下降的趋势,并在 2020 年下降至 4.54%。这一趋势的主要原因是,我国在 2005—2007 年主要依靠资本驱动、需求端拉动经济增长,但 2008 年由于遭受到金融危机的冲击,潜在经济增长率呈现下降趋势。正是金融危机的影响,使中国在很长一段时间内继续以需求管理政策为导向,加大对企业的投资力度,因此在 2009 年非信息技术行业和信息技术行业资本存量的增长率分别达到了 26.24% 和 13.17%,远远高于 2008 年之前的资本存量增长率。从 2011 年开始,以资本驱动经济快速增长的局面不复存在,再加上人口红利的消失,两者原因共同造成了中国潜在经济增长率下降的趋势。

表 3-7　2005—2020 年中国潜在经济增长率　　　　（单位:%）

年份	全要素生产率增长率	非信息技术行业资本存量增长率	信息技术行业资本存量增长率	劳动力增长率	潜在经济增长率
2005	3.1681	19.12	9.89	0.51	2.25
2006	3.1832	20.30	11.37	0.44	6.64
2007	3.2197	20.75	8.41	0.45	13.39
2008	3.2648	20.53	8.93	0.32	10.26
2009	3.2675	26.24	13.17	0.34	5.21
2010	3.2772	23.63	9.23	0.36	10.85
2011	3.2922	20.18	5.48	0.11	13.86
2012	3.2780	21.79	8.53	0.07	7.21
2013	3.2662	21.37	9.61	0.06	5.39
2014	3.2624	19.88	13.42	0.06	5.88
2015	3.2665	18.22	18.37	−0.03	5.28
2016	3.2691	15.59	16.94	−0.09	8.00

续表

年份	全要素生产率增长率	非信息技术行业资本存量增长率	信息技术行业资本存量增长率	劳动力增长率	潜在经济增长率
2017	3.2775	12.26	14.21	-0.22	6.93
2018	3.2909	11.47	12.56	-0.38	5.92
2019	3.3106	14.56	15.69	-0.44	4.31
2020	3.3315	13.65	14.87	-0.52	4.54

注：表格由笔者计算整理所得。

（三）中国2022—2024年潜在经济增长率的预测

本节的主要内容是对2022—2024年我国潜在经济增长率的发展趋势进行预测。本章进行预测的方法是基于前文中2004—2020年的测算数据，选择ARIMA模型分别对我国全要素生产率增长率、非信息技术行业资本存量增长率、信息技术行业资本存量增长率以及劳动力增长率进行预测，然后利用式（3-22）计算2022—2024年的潜在经济增长率。在预测过程中，所得结论主要有以下三点。

第一，未来三年我国资本投入总体增速下降。具体来看，非信息技术行业资本存量增长率呈现出连续下降趋势，信息技术行业资本存量增长率增加速度越来越快。这反映出，未来三年我国的投资结构将发生显著变化，即投资将由非信息技术行业逐渐向信息技术行业转移，其背后的原因离不开数字经济的蓬勃发展。未来，数字经济是全球经济发展不可逆转的大趋势，而数字经济对投资结构的影响主要反映在两个方面：一是数字经济时代，对数字技术的广泛应用大幅度提高了资本的投资效率，因此总体上我国未来资本投入的增速会持续放缓；二是目前我国数字经济的发展仍

处于初期阶段,数字基础设施建设还不全面,仍需要大量资本向数字行业倾斜,且目前数字行业的红利才刚刚显现,必然会吸引大量投资者转向数字信息行业。因此在未来三年甚至更久的时间里,以信息技术为代表的数字行业,其投资增速会持续上升。

第二,全要素生产率增长率波动较大,但总体上仍保有增长的趋势。表3-8表明,未来三年我国全要素生产率的增长率将维持在3.1%到3.3%之间,且在各生产要素增长率中全要素生产率增长率的增速最高。这表明未来三年全要素生产率将成为我国的经济增长的主要动力。一般来讲,全要素生产率增长率反映的是技术效率、技术进步与规模效率,而全要素生产率的提高也应归因于这三个主要方面。一是技术效率的提高使生产效率不断提高。随着以大数据、云计算、物联网等为代表的数字技术的不断成熟,各社会经济部门对数字化、智能化技术工具的使用越来越广泛,越来越熟练,这直接或间接地降低了各生产部门的生产成本,提高了生产效率。二是技术进步。数字信息技术与传统科学技术的一大区别就在于数字信息技术借助于互联网、云平台等工具,使知识或技术的外溢速度越来越快,传播范围越来越广,升级更新的周期越来越短。随着大量的研发投入进入数字技术行业,技术创新的效率也越来越高。三是数字经济的应用使规模效率更加显著。一方面,传统的规模效率受物理空间的限制,随着规模越来越大,资源的拥挤效应逐渐会抵消掉规模效率所带来的正外部性,而"大智移云"技术的产生,将物理空间的集聚拓展到网络虚拟空间,突破了物理范围对规模效率的限制;另一方面,数字经济时代下,技术使数字化、智能化的生产活动成本更低、效率更高,也使规模效率发挥更为显著。

第三,劳动力增长率持续下降。根据中国 2021 年公布的《第七次全国人口普查公报》可知,中国劳动力资源虽然丰富,但人口老龄化程度进一步加深,未来一段时期我国仍要面对人口长期均衡发展的压力。未来三年我国劳动力增长率下降的原因除了我国老龄化导致的劳动力人口减少之外,与数字经济发展的特征也有一定的联系。智能化的数字技术能够将人类从重复的简单劳动中解放出来,大大提高劳动效率,未来的劳动力发展方向将从数量优势转向质量优势。

表 3-8 的最右列是对中国 2022—2024 年潜在经济增长率的预测值,未来三年我国潜在经济增长率虽呈现出缓慢增长的趋势,但基本仍稳定在 5.21%—6.1% 之间。需要指出的是,新冠肺炎疫情对中国乃至世界经济的冲击都是历史上前所未有的。本节对潜在经济增长率的预测是建立在没有疫情对中国产生影响的前提下进行的。因此这个预测结果只能说明,中国经济增长的内在动力仍保持在一个稳定的新常态水平。

表 3-8　2022—2024 年中国潜在经济增长率预测值　　　（单位:%）

年份	TFP 增长率	非信息技术行业资本存量增长率	信息技术行业资本存量增长率	劳动力增长率	潜在经济增长率
2022	3.35	12.92	15.53	-0.63	5.92
2023	3.36	12.56	15.87	-0.70	6.13
2024	3.35	12.64	15.92	-0.72	5.21

注:表格中的数据由笔者计算所得。

三、数字经济对中国潜在经济增长率贡献分析

对中国的全要素生产率增长率以及中国潜在经济增长率的测算结果表明我国潜在经济增长率呈现出"L"形变化趋势,平均

增长率为6%左右。但想要真正了解中国经济增长的潜力是什么，只对潜在经济增长率进行测算是远远不够的。本章为回答"在数字经济的背景下，我国的潜在经济增长率的路径究竟在何处?"这一问题，期望能够从更为细致的角度来分解中国潜在经济增长率，从而梳理出中国提升潜在产出的路径。即，将传统的资本要素与全要素生产率继续细分为信息技术行业和非信息技术行业，从而考察数字经济背景下，我国潜在经济增长率的提升路径。

实质上，潜在经济增长率研究的就是潜在产出，而能够影响潜在产出的因素主要包括两个方面：一是要素投入；二是全要素生产率。因此下文将从全要素增长率对潜在经济增长率的贡献率以及各要素投入对潜在经济增长率的贡献率两方面来测算数字经济对潜在经济增长率的影响。由于数字经济的核心技术就是以大数据、云计算、互联网等为代表的新一代信息技术，即数字经济与计算机、软件设备和信息产业服务业息息相关，因此本书以信息传输、计算机服务和软件业来表征数字经济。

(一)数字全要素生产率对潜在增长率贡献的测算及结果分析

在现有的研究中，学者们对全要素生产率测度与分解的方法主要分为以下两类：一是利用索洛余值法来计算全要素生产率，即通过计算产出增加值，再剔除要素投入贡献后的残差来测算及分解全要素生产率增长率(索洛,1957;杨汝岱,2015;王满仓,2021)。二是利用数据包络分析法(Data Envelopment Analysis,DEA)或者随机前沿分析法(Stochastic Frontiers Analyst,SFA)计算TFP,即通过估计前沿生产函数,根据投入、产出及前沿生产函数三者的变动,来反映全要素生产率的变动(王远方,2016;章祥荪,贵斌威,2008)。鉴于本章是利用信息技术行业与非信息技术行业对潜在经济增长率的贡献率来体现数字经济对潜在经济增长率的影响,因此基于 C-D 生产函数的索洛余值法更适合本章的研究。上文中已经通过各行业全要素生产率增长率加总得到整体全要素生产率增长率,其公式如下:

$$\frac{A'}{A} = w_1 \frac{A'_1}{A_1} + w_2 \frac{A'_2}{A_2} + \cdots + w_n \frac{A'_n}{A_n} \tag{3-30}$$

其中,A 为全要素生产率,$\frac{A'}{A}$ 为全要素生产率增长率,w_1,$w_2,\cdots,w_n$ 分别为对应行业产出占总产出权重。对于某一特定行业 n 的全要素增长率对总体全要素生产率增长率的贡献由式(3-31)计算得出,其中 ρ 为贡献率。同理,也能测算信息技术行业全要素生产率增长率对潜在经济增长率的贡献率,测算结果见表 3-9。

$$\rho = \frac{w_n \frac{A'_n}{A_n}}{\frac{A'}{A}} \tag{3-31}$$

表 3-9 表明,信息技术行业在 2005—2018 年的增加值占总增加值的比重基本保持在 2% 到 3% 之间;其中在 2008—2010 年,表 3-9 的四个测算结果均有不同幅度的下滑,其背后的原因与 2008 年的世界金融危机息息相关。金融危机对中国各行各业都产生了很大的冲击与影响,尤其是随着互联网的不断发展,世界各国的联系更加紧密,其对信息技术行业的影响也会越来越复杂。此外,在

2015—2020 年,信息技术行业增加值占总增加值的比重持续上升,有一个较为稳定的增长趋势。这是因为在 2015 年 3 月,"互联网+"被写入政府工作报告,成为我国国家层面的重大举措;同年 7 月,国务院印发了《关于积极推进"互联网+"行动的指导意见》,国家大力推行"互联网+",极大地促进了信息技术与各行业的交叉融合,既带动了传统行业的蓬勃发展,又为信息技术行业打开了市场,使其增加值占总增加值比重得以稳步提升。同时,信息技术行业全要素生产率对总体全要素生产率以及潜在经济增长贡献率在2015—2020 年有一个高速增长的趋势。这反映出从 2015 年开始,信息技术行业对我国的技术进步、技术效率和潜在经济增长率的重要程度越来越高,即数字经济全要素生产率对全要素生产率及潜在产出的贡献作用已经十分明显。

表 3-9　2005—2020 年信息技术行业全要素生产率增长率对
总体全要素生产率以及潜在经济增长率的贡献率　（单位:%)

年份	信息技术行业增加值占总增加值比重	信息技术行业全要素生产率增长率	信息技术行业全要素生产率对总体全要素生产率贡献率	信息技术行业全要素生产率对潜在经济增长率的贡献率
2005	2.642	4.134	8.902	1.955
2006	2.593	5.125	7.324	1.916
2007	2.532	4.982	9.156	1.907
2008	2.570	6.729	12.417	2.173
2009	2.538	3.702	9.562	1.119
2010	2.478	7.375	12.293	2.720
2011	2.480	4.169	13.766	2.213
2012	2.485	6.015	9.822	2.927
2013	2.477	5.348	12.390	3.706
2014	2.509	4.053	13.574	3.120
2015	2.571	5.702	10.827	3.370

续表

年份	信息技术行业增加值占总增加值比重	信息技术行业全要素生产率增长率	信息技术行业全要素生产率对总体全要素生产率贡献率	信息技术行业全要素生产率对潜在经济增长率的贡献率
2016	2.642	6.388	14.929	2.977
2017	2.727	7.790	15.763	3.815
2018	2.842	5.424	15.642	4.006
2019	2.879	6.134	16.872	4.112
2020	2.971	5.689	14.657	4.015

注:表格由笔者计算整理所得。

(二)中国潜在经济增长率分解的计算及结果分析

为了直观分析我国潜在经济增长率的增长源泉,本节将资本与全要素生产率对潜在经济增长率的贡献份额进一步细化,划分为信息技术行业与非信息技术行业。具体的计算方法是根据式(3-30)计算出各部分对潜在经济增长率的贡献率,然后乘以潜在经济增长率,求得各部分的贡献份额,再用 ARIMA 模型预测了2022年、2023年和2024年各部分的预测结果。如表 8-10 所示,分解结果表明,2004—2020 年我国潜在经济增长率主要由资本存量赋能,年均贡献份额为65%,即我国仍是资本驱动型经济增长模式。具体来看,信息技术行业资本存量的贡献份额一直在持续上升。这表明,数字经济赋能潜在经济增长的效用越发明显,但主要体现在资本投资方面。代表技术效率的全要素生产率对潜在经济增长的贡献份额不断上升的趋势表明,数字经济技术创新的赋能作用越来越强。总之,随着数字经济的投资不断加大和数字技术的蓬勃发展,数字经济对潜在经济增长的赋能效果越来越明显。

表 3-10　2005—2024 年我国潜在经济增长率贡献源泉分解结果

（单位:%）

年份	潜在经济增长率	资本存量贡献份额		全要素生产率贡献份额	
		信息技术行业	非信息技术行业	信息技术行业	非信息技术行业
2005	2.2501	1.1932	5.5463	14.12	46.9752
2006	6.6454	1.0991	5.5463	13.04	52.6912
2007	13.3943	2.3452	11.0491	19.4451	51.6945
2008	10.2648	2.4012	9.8636	21.1472	43.6624
2009	5.2127	0.9268	4.2859	16.1815	51.2335
2010	10.8527	1.7782	9.0745	8.0635	59.2342
2011	13.8637	1.9235	11.9402	15.5553	55.2723
2012	7.2175	1.4989	5.7186	17.9968	45.8212
2013	5.3973	1.0212	4.3761	6.6636	65.8436
2014	5.5827	1.3747	4.2080	18.8837	39.8936
2015	5.2884	1.2468	4.0416	12.8136	44.1736
2016	5.8037	1.0463	4.7574	13.1825	42.6326
2017	6.9384	1.2339	5.7045	14.3447	50.4337
2018	5.9236	1.1858	4.7378	16.9236	39.7136
2019	4.3137	0.9172	3.3965	20.2336	51.7126
2020	4.5483	0.9104	3.6379	25.6336	44.5127
2021	4.8052	0.929	3.8762	13.0413	52.6916
2022	5.9214	0.901	5.0204	16.4792	52.3489
2023	6.1255	0.957	5.1685	17.2974	49.0012
2024	5.2091	0.8972	5.1421	18.2356	51.2369

注:表格由笔者计算整理所得。

第四节　数字经济提升潜在经济增长率的实践启示

鉴于信息技术行业与数字经济的密切相关性,本章借助信息技术行业反映数字经济,主要从产业分解的角度,构建了包含资本结构的生产函数模型,将传统 C-D 生产函数中的资本要素投入分解为信息技术行业资本要素投入与非信息技术行业资本要素投入两部分,进而测算了中国全要素生产率增长率以及潜在经济增长率,并对测算结果进行了分解与分析。结果表明:在 2004—2020 年,中国潜在经济增长率总体上呈缓慢下降趋势,经济增长形势由高速增长向中高速增长转变。随后,本章从生产函数模型的要素投入角度,对潜在经济增长率进行了分解,通过分析发现,中国潜在经济增长率下滑的原因主要是资本存量的下降,其中占主导地位的是非信息技术行业资本存量的下降。而数字经济的发展缓解了潜在经济增长率的下滑趋势,成为当前经济发展的新动力。不仅如此,随着数字经济与各产业间的融合越来越深入,数字经济不仅带动了传统的非信息技术行业的发展,并且对我国潜在经济增长率的影响也越来越大。数字经济对经济增长的推动力已经成为未来我国经济发展不可逆转的趋势,在此背景下,数字经济成为提升我国潜在经济增长率的关键因素。基于此,本章提出要重视从要素驱动向信息技术创新驱动转变的经济增长模式,并给出以下两点建议。

第一,持续推进经济增长方式由传统要素驱动向技术创新驱动转变。为提升我国潜在经济增长率,必须持续推进由传统要素驱动的经济增长方式向由技术创新驱动的经济增长方式的转变,尤其要大力推进数字技术的创新与应用,发挥数字经济赋能我国潜在经济增长的最大效用,具体包括三个方面:一是合理借助政府的政策导向作用,将政府对企业的投资扶持逐渐转向技术扶持。比如借助创新补贴、技术税收优惠等政策引导企业加大对前沿技

术的投入研发,鼓励企业多方位应用新兴技术,从而推动企业的质量发展。二是加大对知识产权、数据产权的保护力度。在数字经济的背景下,数据、知识成为核心生产要素,若无法保护该产权,技术开发者难以回收其研发成本,逐渐丧失创新动力。必要时可赋予技术开发者在一段时间内的垄断权,激发技术开发者创新动力。三是注重创新型人才的培养与引进。鼓励校企合作的模式,即支持高校中具有高水平人力资本的教授、学术团队与企业、政府进行项目合作,一方面为高校人才的培养提供实践平台,优化高校人才培养模式,另一方面最大限度发挥人才的效用,为创新活动打下坚实的人才基础。

第二,规范政府对数字经济扶持的相关制度,赋能中国潜在产出增长。政府应出台政策向数字经济领域倾斜,形成其他产业与数字经济的深度有效良性互动,赋能我国潜在经济增长率。一是制定完善科学的法律法规,保护企业技术创新的合法权益与积极性。制定适宜的知识产权管理办法,提升企业创新的积极性,使技术创新资源最优配置,推动数字经济的健康发展。二是打破市场上存在的垄断壁垒和行政垄断,完善市场竞争机制。发挥市场竞争机制,激励企业的创新驱动。政府应出台相关的反垄断政策,创造优质的数字经济交流环境。

第四章　数字经济与实体经济融合发展的机理与路径

　　近年来,随着大数据、云计算、物联网和人工智能等信息技术的快速发展,数字经济发展规模不断扩大,数字化应用程度不断加深。2019 年政府工作报告强调,要培育新一代信息技术等新兴产业集群,壮大数字经济。2020 年,《中共中央　国务院关于构建更加完善的要素市场化配置体制机制的意见》将数据与劳动力、技术、资本等一起归纳为生产要素,这意味着我国数字经济已由萌芽期转向成长和成熟期。同时,党的十九大报告强调要推动互联网、大数据、人工智能和实体经济深度融合。2019 年,习近平总书记再次强调"要促进数字经济和实体经济融合发展"。数字经济与实体经济融合,能有效助推经济高质量发展。数字化技术不受时空因素限制,具有资源共享、信息互通、平台互联、产业互融等优势,已经开始向实体经济领域的方方面面渗透,数字经济与实体经济融合程度不断加深。因此,研究数字经济与实体经济融合赋能经济高质量发展,对提升国家竞争力、完善现代化经济体系建设以及促进经济高质量发展具有重要的理论意义和现实意义。

第一节　数字经济与实体经济
融合发展现状与挑战

目前,我国数字经济发展进入快车道,实体经济进入转型升级的攻关期。数字经济与实体经济融合赋能经济高质量发展取得了显著的成效,但在融合过程中,仍面临一系列的问题,尤其是在核心技术、专业人才供给和融合质量等方面存在风险和挑战。

一、数字经济与实体经济融合发展的现状与特征

现阶段,中国数字经济与实体经济融合发展的速度不断加快,融合程度不断加深,其特征主要表现在以下三个方面。

第一,数字经济与实际经济融合规模不断扩张,其与实体经济融合速度加快。数字产业化稳步发展,产业数字化持续发力。一是数字经济规模再创新高,产业数字化发展较快。《中国数字经济发展白皮书(2021)》显示,2020 年,数字经济规模为 39.2 万亿元,比 2019 年增加 3.4 万亿元,数字产业化同比增长 5.3%,产业数字化同比增长 10.3%。同时,数字经济占 GDP 的比重为 38.6%,比 2019 年上升 2.4 个百分点。其中,产业数字化成为推动实体经济发展的关键,在 38.6% 的比重中,产业数字化增加值占 GDP 比重为 31.2%。二是数字经济增速远高于 GDP 增速,对 GDP 增长的贡献率显著提升。《中国数字经济发展白皮书(2021)》显示,2020 年数字经济名义增速高于同期 GDP 名义增速约 6.7 个百分点,并且数字经济对 GDP 增长的贡献率显著高于三

次产业对 GDP 增长的贡献率。

第二,数字经济向实体经济渗透率不断提高,但仍有提升空间。数字产业结构不断优化,软件和信息技术服务业增长较快,产业数字化由单点应用向连续协同转变,在三次产业中表现为逆向渗透特征,农业和工业的数字化场景应用仍处于较低水平。《中国数字经济发展白皮书(2020)》和《全球数字经济新图景(2019年)》报告表明,2019 年的农业、工业和服务业数字渗透率分别为8.2%、19.5% 和 37.8%,同比增长 0.9 个、1.2 个和 1.9 个百分点,中国服务业领域的数字化渗透率较高。2018 年,中国农业数字经济渗透率为 7.3%,居全球第 15 位,但相对于英国 27.1% 和德国21.9% 的农业数字经济渗透率而言,中国仍处于较低水平,这在一定程度上制约了数字经济与实体经济的融合;中国工业数字经济渗透率为 18.3%,居全球第 11 位,相比韩国 44.5% 和德国 42.5%的工业数字经济渗透率,我国工业与数字经济融合程度相对较低,因此未来推动我国数字经济与实体经济融合发展的重要方向是实现工业数字化转型;中国服务业数字经济渗透率为 35.9%,居全球第 6 位,虽然位次比较靠前,但是相比英国 57.2% 和德国 57.1%的服务业数字经济渗透率,我国还存在很大的提升空间。

第三,数字经济与实体经济融合模式发生显著变化。基于内部和外部需求,生产模式由供给主导转变为消费主导的发展模式,产业链和价值链得以重塑,大量创新的商业模式涌现。《中国数字经济发展白皮书(2021)》显示,2020 年中国 5% 的企业进入了创新突破的高级阶段。一是无接触运营模式成为疫情期间较为创新的商业运行模式,通过"云招商""云审批"和"云签约"等方式简化营商流程,截至 2020 年 3 月,辽宁省"云招商"协议额已达到

4410亿元。二是人机交互模式的发展给生产者和消费者带来全新的生产和消费体验。例如,国家电网公司提出的智慧服务系统——泛在电力物联网,可以满足生产者数据汇聚共享与设备全面感知的需求。工业互联网融合应用迈入快速成长期,形成了平台化设计,智能化制造、个性化定制、网络化协同、服务化延伸、数字化管理等六大融合应用模式。例如,海尔集团推出的COSMOPlat工业物联网平台围绕"大规模定制",精准对接智能制造体系和用户需求,让消费者能够参与到产品研发、生产制造和迭代升级等全部流程之中。

二、数字经济与实体经济融合发展面临的约束与挑战

当前,在数字经济与实体经济融合发展的过程中仍然存在许多约束与挑战,大体上可以归结为以下三个方面。

第一,在核心技术方面,数字核心技术储备不足和自主创新能力不足,使经济发展模式难以由要素驱动转向创新驱动,这成为制约数字经济与实体经济深度融合的关键因素。一是核心技术缺失,部分核心零部件和技术需要依赖于其他国家,技术来源国成为数字经济时代的主要受益方,无法激发我国产业的潜在高附加值,阻碍了数字经济与实体融合的叠加效应和乘数效应的充分发挥。二是虽然我国在核心技术方面取得了一些成就,但是在核心技术方面还存在一些短板。一方面,国产的基础软件核心技术储备不足,我国在集成电路生产制造技术以及芯片、传感器和控制器等核心元器件领域与国际领先水平还存在较大的差距。另一方面,在数字技术创造价值方面,对于设计开发工具、仿真测试工具和制造执行系统等工业软件以及对工业互联网、

工业云和工业大数据等领域的应用未进行充分挖掘,无法充分运用新一代技术为实体经济赋能,这成为数字化技术创造更大经济价值的"瓶颈"。

第二,在专业人才供给方面,数字化时代下专业技术人才供给不足,数字化技术人才难以向复合型人才转型。一是随着5G、大数据、人工智能等新兴领域的快速发展,对专业人才的需求不断增长,而专业人才供给具有一定的时滞性,造成专业人才供不应求。例如,在政府部门,需要专业人才做好数字化治理的顶层设计,在企业部门,需要专业人才进行管理决策、产品研发和技术创新。二是数字经济和实体经济融合发展的跨界复合人才严重匮乏。由于学习精力有限,分布在传统领域从事产品研发和运营的专业人才难以掌握数字化技术方面的专业知识,而分布在大数据、5G以及人工智能等新兴领域的专业技术人才又严重缺乏对传统制造业生产流程和生产工艺的了解,这阻碍了数字领域的新技术与实体经济领域的深度融合。

第三,在融合质量方面,数字经济与实体经济的融合程度有待进一步提升,融合不充分、不协同、不平衡问题突出。一是传统制造企业与信息技术企业融合不充分,两者无法有效对接。一方面,很多传统制造企业在转向供应链竞争的过程中,无法打破重硬件轻软件、重制造轻服务、重规模轻质量的传统观念,无法建立数据共享、信息互通的有效机制,从而无法充分挖掘数据的战略价值。另一方面,信息技术企业虽然能有效挖掘数据资源,但由于缺乏对传统制造业生产流程及生产工艺的了解,无法有效对接传统制造企业的实际需求。二是数字经济治理体系与产业发展不协同。产业发展依赖于完善的数字经济治理体系,但是目前我国数字经济治理体系仍存在一些问题,为产业发展增加了一定的风险。例如数字侵权和隐私泄露问题、算法歧视和"大数据杀熟"现象以及"赢者通吃效应"的行业垄断行为等,这都不利于营造公平、良好的市场环境。三是在各地区、各行业领域以及各群体之间数字经济与实体经济的融合差异较大,具有不平衡性。由于数字技术的发展依赖于实体经济的发展,因此在发达地区与现代服务业领域数字经济发展较快,数字经济与实体经济的融合程度较高,而对于落后地区、农业领域以及低收入群体而言,数字化技术发展较慢,数字经济与实体经济的融合程度较低。这种不平衡性成为阻碍数字经济与实体经济融合发展的重要问题,同时也不利于数字经济与实体经济的高质量发展。

第二节　数字经济与实体经济
融合发展的内在机理

随着数字化技术的快速发展,数字经济已经渗透到实体经济领域的方方面面。一方面表现为信息与通信技术(Information and Communication Technology,ICT)产业的不断发展,信息与通信技术产业作为一种新兴产业,对 GDP 有直接贡献。另一方面表现为数字化技术融入实体经济运行体系之中,对传统经济体系产生微观层面上成本节约与效率提升效应、中观层面上新业态孕育和传统产业转型升级效应、宏观层面上绿色全要素生产率提升和绿色发展推动效应,从而赋能高质量发展。

一、微观层面——节约成本与提升效率

从微观层面来看,数字化技术融入实体经济,其改变和重塑了传统生产过程和生产模式,降低生产成本,优化资源配置,提升生产效率。

一是在产品设计环节,大数据分析能够便利获取与精准把握消费者需求,分析与预测消费者的个性化需求与整体需求,整合创新技术和产品设计资源,促进产品创新与产品质量的提升。

二是在加工制造环节,数字化技术的发展降低了人工成本,线上教育为员工工作技能的学习提供便利,助推人力资本的提升。同时数字化技术能够减少要素流动时间,提高资源利用效率,使企业有效减少投入和增加产出,优化各部门内部和外部的产品投入资源配置问题,提高产品生产效率,充分发挥边际成本递减和规模报酬递增效应,实现智能化生产。

三是在经营管理环节,数据具有实时传输和精准反应的特征,管理者借助大数据分析和云计算等技术,能够避免信息传递时滞,减少信息不对称和信息不完全问题,并且能够结合生产过程中的科学知识、数据积累和生产经验,构建企业生产模型,从而进行科学决策以及对未知风险的监测预警。

四是在销售和服务环节,企业依托于网络平台,能够有效降低产品在流通领域产生的费用,如房租成本、人力成本和广告成本等,借助智能服务技术提高服务效率,从而推动生产全过程朝着高质量、高效率、高效益、智能化方向发展。

二、中观层面——孕育新业态和促进传统产业转型升级

从中观层面来看,数字化技术融入传统产业,通过数字产业化

和产业数字化两条路径对传统产业全链条进行了全方位的改造。

一是数字产业化的发展孕育出新的产业,拓展了传统产业链。电子信息制造业、软件和信息技术服务业等发展促进了物联网、大数据、云计算、人工智能等相关产业的迅猛崛起,并衍生出数据分析师、算法工程师等新的工作岗位,这不仅为我国经济发展产生直接贡献,而且还为我国实体经济发展提供技术支撑,为经济发展注入新活力。

二是产业数字化的发展,催生新的产业运作模式,促进传统产业的转型升级。数字化技术的发展,催生了可感知的和可视化的"人工智能+农业""人工智能+工业"和"人工智能+服务业"生产模式。数字技术赋能农业,很大程度上使原来的体力劳动被机器所取代,实现播种、施肥、除虫、收割等环节的自动化,同时通过智能技术对生产过程进行监测,通过互联网平台拓宽产品销售渠道,形成了全智能、绿色化的现代农业生产体系。数字技术赋能工业,通过数字化技术突破传统技术的限制,提高生产效率,并借助工业互联网平台匹配信息、聚集资源,实现生产者、消费者与供应商以及设备和产品之间的高度衔接,促进传统制造业升级转型,实现智能制造。数字技术赋能服务业,提高服务业生产效率,催生服务业新业态,例如新型信息技术融入传统教育、物流、医疗、金融、贸易和娱乐等领域,催生出线上教育、现代物流、远程医疗、数字金融、电子商务和高科技娱乐等新业态。

三、宏观层面——提升全要素生产率与促进绿色发展

从宏观层面来看,数字经济与实体经济的融合发展,能够有效提升全要素生产率,促进政府绿色治理与企业绿色转型,推动我国

绿色数字化经济发展格局。

一是在数字经济时代,除了传统的劳动力、资本、土地等资源投入外,数据成为经济发展投入中最重要的要素,其克服了资源稀缺性障碍,可以被复制、共享和重复利用,边际成本几近为零,显著改变了传统资源的投入、组合和使用方式,同时提高了生产效率,促进了技术创新,既减少投入又增加产出,并且使产出多元化,创造出更大的经济价值。

二是数字化、智能化的信息技术,能够促进绿色发展。一方面,数字货币等数字化工具能有效助力绿色金融,使金融资本从传统产业和企业流向重视节能减排技术、使用清洁能源的新型产业和企业,助力碳达峰碳中和目标的实现,同时也能够鼓励企业进行绿色产业领域的科技研究和服务创新,促进能源消费结构转型,从而打通绿色金融环节的堵点痛点和难点。另一方面,通过数字信息平台,政府能够获取更多企业生产信息,降低信息不完全、信息不对称的风险,从而减少负外部效应,也能够在降低政府监督和管理成本的同时对环境污染实施有效监督,有利于加快绿色、生态、低碳和现代化治理体系的建设。

第三节 数字经济与实体经济融合
发展的实现路径

针对我国现阶段数字经济发展的现状与特征以及面临的约束与挑战,为加快数字经济与实体经济融合赋能经济高质量发展,本章从以下四个方面分别提出实现路径。

第一，加强数字基础设施建设与研发投入，拓展其在实体经济应用的深度和广度。一是增加在数字化基础设施建设方面的资金投入，例如加强基站、管网、云平台和终端等软硬件建设方面的投入，以此加快数据传输速度，提升网络通行能力，使数字基础设施与实体经济发展能够实现有效衔接。二是加强技术研发，促进技术创新，联合科研所、企业以及高校等科研力量，全力攻关核心元器件、集成电路和基础软件等薄弱环节的基础性技术研发，夯实我国基础性研发技术的基础，保证我国在基础技术和核心技术上具有自主可控权。同时，加大共性技术创新研发投入，实现在人工智能、区块链、5G 网络和量子通信等前沿领域的创新性突破。三是加强数字化技术和数字基础设施在各方面的应用，以生产全过程各行业的实际需求为导向，借助云计算、人工智能、大数据等技术，推广与普及数字化技术与数字基础设施在实体经济发展中各方面的应用，为高质量发展提供坚实的保障与可靠的技术支撑。

第二，充分结合消费者需求，激发数字经济的普惠性和包容性，促进就业。一是围绕"以人为本"这一发展理念，基于各个地区和群体的需求，降低互联网接入成本，发挥数字经济的共享特征，提升落后地区对数字技术的可获得性，让数字经济发展的成果能够被更多人共享，从而促进社会和谐、公平发展。二是密切关注消费者对数字化技术的需求，强化数字技术在医疗、交通、娱乐和教育等各个方面的应用，利用数字化技术减贫与防止返贫，提升大众在数字化技术发展过程中的获得感与幸福感。三是高度重视数字化时代所带来的一些风险和挑战，要出台切实可行的政策和具体措施，加强落后地区与低收入群体在数字技术方面的知识普及，加强在职员工的继续教育和技能培训，激发就业领域的"数字红利"。

第三，培育数字产业链，以项目数据化和企业数字化为突破口，促进各行业数字化转型。一是培育产业集群，拓展数字产业链，以数据为核心，以创新为动力，使产业不再局限于上下游、产供销的线性模式，使其在生产各环节的资源配置和价值创造更加开放、共享、协同、融洽，使各行业能够朝着立体、多维的网络化、生态化方向发展。二是引领高科技、数字化企业与其他企业进行合作交流，发挥数字型企业的引领作用，借助项目协同化，通过用户共享、平台共享、数据共享、场景共享等方式强化企业之间的融合和联结，促进更多的中小企业实现数字化转型。

第四，加快完善市场机制，构建多元化的数字经济治理体系，促进国际层面上数字化研究与成果的交流与合作。一是弥补市场机制失灵问题，如数字技术和数字企业的垄断行为、消费者隐私泄露、技术产生的负外部性以及科技伦理道德等问题，这需要政府加强监管，建立风险防范体系和激励约束机制，加大知识产权保护力度，优化市场环境。二是构建多主体共同参与的多元化数字经济治理体系，充分发挥政府的顶层设计作用，对数字经济运行实施宏观调控。行业协会则联合企业实现数据共享和行业自律，企业则大力进行产品创新，不断满足消费者对数字化产品的需求。科研院所和高校则专注于科技研究，为科技产品孵化奠定研究基础。同时，各大主体相互合作、相互监督，形成各大主体相互融合、共同进步的协同治理格局。三是深化国际科技交流合作，积极参与国际科技和数字化论坛，让中国的数字化成果实现国际共享，同时主动参与全球数字化治理，为数字领域国际规则和国际标准制订贡献中国智慧。

第五章　城市数字经济发展体系与对策

在数字经济时代,全面推进数字化是城市治理体系和治理能力现代化的必然要求。数据作为关键生产要素,在微观层面上借助规模经济、长尾效应和范围经济促进经济均衡发展;在宏观层面上通过新要素、新资源配置效率和新的全要素生产率促进经济增长。本章以城市作为中观层面的研究对象,提出数字经济可以通过赋能城市数字产业体系、优化城市数字发展环境体系、构筑城市数字治理体系三条路径赋能城市经济高质量发展。

第一节　完善城市数字经济发展的产业体系

城市发展着眼于城市的产业体系。只有城市的产业体系与当前科技革命和时代发展深度融合时,城市才能进一步向智能化、现代化方向进行演化。中国经济已经由高速增长阶段转向高质量发展阶段,为了适应这一目标,现代城市产业体系需要形成以数字经济为主导,实体经济、科技创新、金融服务三者协同的现代产业体系。数字经济通过驱动城市数字产业化和城市产业数字化,完善城市数字产业体系。

一、城市数字产业化

根据摩尔定律预测,2030 年全球数据总量将增长至 2537 ZB。毋庸置疑,城市数据对其经济发展的影响在数字经济时代将会与日俱增。因此,如何有效把握城市数据并将其产业化是完善城市现代产业体系的关键。然而城市中居民、企业和政府产生的多源、非结构性的海量数据必须经过筛选、整合、分析等一系列步骤才具有使用价值。而数字产业化作为数字经济发展的先导产业,就是通过现代信息技术即信息通信产业,将数字化后的信息和数据转化成为投入生产中的生产要素,为数字经济发展提供技术、产品和解决方案等。依靠技术创新、商业模式重构等创新融合方式不断催生城市新兴产业、新管理模式的形成,最终从数字"单点"或"单链"形式逐步发展成数字产业"连片"和"复链"的数字产业集群。数字产业化推动城市高质量发展的机制有以下两个方面。

一是数字经济通过渗透到生产和消费领域赋能城市高质量发展。首先,信息通信产业作为数字产业化的基础,具有普适性和高渗透性的特征,可以在城市各行各业之间进行传播和应用,信息产业的发展可以提升数据要素化的效率以及提高数据信息在相关行业或者非相关行业的传递速度。因此数字产业化可以增加在生产领域释放知识技术的外溢效应。其次,数字产业化可以保障消费领域内的消费者更加高效、便捷以及安全地获取个人所需的数据信息。

二是平台经济通过资源高效配置赋能城市高质量发展。数字平台是一种基于供应商和消费者之间的价值创造的双边市场,交易双方在网络平台上直接进行点对点的交易及沟通。一方面,平台经济以精密的算法系统和强大的数据采集和数据处理能力,通过挖掘市场上数据实现供需高效匹配,大幅度降低了交易成本和信息不对称带来的道德风险的危害。另一方面,平台经济通过整合城市内闲置资源,以共享原则实现协同生产,经由效率变革提高资源配置效率,赋能城市高质量发展。例如天鹅到家平台筛选合格劳动者信息入库,根据劳动者的经历和能力将其分类并录入系统进行需求匹配和简历推送,使闲置的劳动力资源合理流向劳动力缺乏岗位,提高城市的人才流动率,激发了城市的经济活力。

三是数字经济打造生态价值释放生态红利赋能城市高质量发展。数字经济可以将互联网的流量价值转化为经济价值以及生态价值,并且为绿色消费提供技术基础和产品应用激励。信息技术服务业可以开发、打造绿色网络平台,使城市居民在使用绿色网络平台时获得较强的参与感和获得感,加快了绿色消费理念在城市中的传播速度。比如支付宝通过"蚂蚁森林"项目,记录用户的低碳行为,鼓励城市居民践行低碳环保生活,同时带动生态旅游业发展。再如在制造业内,借助互联网技术的支撑使制造业全面转型升级成为生态型组织,在生产工序中精准计算资源消耗数据,不仅有效破解了能源无效消耗问题,还实现了排气的清洁处理和废料的循环利用。数字经济可以让城市低碳生活更加方便,而城市内激增的绿色消费需求进一步引致生产绿色转型,有利于城市从"生态负担"向"生态红利"演进,加快城市生态红利的释放速度,实现城市经济高质量发展。

二、城市产业数字化

城市产业数字化是为数字经济提供广阔发展前景的主要阵地。它以现代信息网络为载体使传统产业与数字技术深度融合,以产品、服务和供给流通的信息为对象,将数字转化为生产要素而再造产业流程,实现产业数字化和智能化的升级和改造。但是目前城市产业更多的还是依赖于廉价劳动力和土地投入,秉持以实现数量型扩张为短期目标的发展理念。这一理念不仅制约了产业的生产质量和效率,还会将其锁定为低附加值产业。

在数字经济时代,随着数据资源在社会发展中的关键型要素地位不断凸显,在一定程度上代替了传统的生产要素。用数据要素配置城市资源、控制管理成本、创新管理制度、精确政府决策,大力激发城市创造力和市场潜力。此外,城市产业数字化不仅是数字的经济,更是融合的经济,而落脚点就是实体经济,高质量发展是总要求。数字经济与实体经济的深度融合能够催生新商业管理模式、新的产业组织形态、提高全要素生产率,打造城市经济高质量发展的强劲引擎。

一是产业分工网络化。数字经济通过数据的流动,加强了各产业之间知识、技术等要素的共享,并带动了传统企业数字化转型,重塑全球价值链。一方面,数字经济推动更多服务和产品嵌入价值链。价值链上的各个企业在对自我生产成本权衡的基础上实施跨区域分工合作。具体来说,企业基于对效率的追求将非核心生产环节通过协议契约外包给大型工厂或者研发机构。另一方面,数字技术的应用大大降低了价值链上不同环节的服务贸易成本,促使价值链上环节内分工更加细化。

二是生产个性化。城市产业利用新一代的信息技术工具,改变传统生产模式向智能化定制的生产方式转变,通过收集消费者差异化、个性化的数据,精准生产符合消费者需求的产品。从企业的角度进行分析:为了提高产品的附加值,企业将从单一的制造过程向技术研发端和消费服务端延伸。在消费服务端,企业可以借助新一代信息技术通过捕获市场中的需求信息数据,对数据进行采集和开发,研发部建立数据模型,通过一定的算法了解市场供需动态变化并进行匹配。数字化的迅速发展,使消费者成为深度参与生产全过程的产销者,城市产业更贴近市场,传统的大批量集中生产方式加速向个性化定制生产方式转变。

第二节　优化城市数字经济发展的环境体系

城市内部拥有优良的数字经济发展环境有助于赋能城市高质量发展。城市主体需要从加快数字化基础设施建设和提高数字化公共服务供给两个方面优化城市数字经济环境体系。

一、数字化基础设施

城市数字经济发展的基本架构就是数字化基础设施,包含两个部分:一是"数字化组件+传统基础设施"构建的混合型部分数字化基础设施,如数字化交通和智能电网等;二是 5G、云计算、AI 等技术深度结合的专用数字技术设施。数字化基础设施顺应网络化、数字化、智能化的社会发展趋势,其投资不仅能带动新兴产业的快速发展,还能为城市的创新驱动型发展提供新动力。

第一，增强城市获取和分析数据能力，发挥数字技术创新效应。数字基础设施实现了以大数据为纽带，促进云计算、AI、区块链等新技术的融合，形成数据驱动型创新体系。在捕捉获取城市主体的多源异质化数据后，利用人工智能的深度学习技术处理和分析数据，将城市运行的经济活动转为可视化、可量化的数据，进而驱动城市高质量创新性发展模式。

第二，带动城市产业快速转型和发展，优化产业结构和完善产业发展链条。一是优化传统产业。数字基础设施通过对制造业技术的改造和设备的更新，为传统制造业转型智能升级提供技术支撑。二是带动新兴产业的发展。数字基础设施建设能够带动通信网络设备、人工智能等新兴产业的发展，既能优化产业结构，又能完善产业发展链条。

第三，促进产业融合，为智慧城市赋能，提升城市资源配置效率。数字基础设施为传统产业和数字经济的深度融合提供技术支撑。例如数字基础设施为智慧城市建设提供决策。数字基础设施能够全方位地挖掘城市现象，如地理、气象、人口、经济、文化等自然信息和人文信息，为城市规划决策提供强大的数据信息支持，具有前瞻性。数字基础设施还可以赋能城市智慧民生工程建设，如城市智慧交通网，可以全面监控城市交通情况、合理地配置城市道路并对突发情况作出及时响应。其作用既可以赋能智慧交通建设，又可以赋能智慧医疗、智慧教育等民生建设。同时数字基础设施具有规模效应，其普及、应用率越高，城市数字经济发展所需要的成本也越低。因此增加数字基础设施的投资，会优化城市社会环境和生态环境，加速赋能智慧城市的发展，提高城市资源配置效率。

二、数字化公共服务

高质量的公共服务是城市现代化发展的重要体现。但目前大多数城市的公共服务供需不均、结构不匹配等短板制约城市实现高质量发展。党的十九届五中全会明确提出:"加强数字社会、数字政府建设,提升公共服务、社会治理等数字化智能化水平"。通过数字技术赋能社会公共服务,全面提高城市数据资源的利用率,能够有效提升公共服务的质量和数量,推动城市高质量发展。

一是数字技术改善公共服务的供需不均问题。公共服务供需不均、结构不匹配等问题主要是由以下两种原因造成的:第一,城市居民对交通、教育、医疗等社会公共服务提出了更高的要求,然而在城市财力和现存人力资源存量不足的制约下,公共服务往往处于"供不应求"的局面。第二,政府部门之间由于信息不对称导致公共服务配置不均等。数字技术有助于政府对城市数据分析和预判,精准施策合理配置公共服务,减少因信息不对称降低公共服务供给的效率。同时数字技术使公共服务跳出"稀缺专业人力资源"的困境,比如人工智能技术可以通过深度学习远程操作医疗手术等作业,突破专业人力资源对公共服务供给的制约。此外,移动通信技术和宽带设备的广泛普及,使城市居民公共服务消费的平均成本得以有效下降。综上所述,以数字技术赋能城市公共服务,可以减少资源错配现象,合理精确地配置公共服务,推动公共服务均等化的实现。

二是数字技术提高公共服务供给质量。首先,数字技术有助于高质量公共服务实现非排他性共享,促进公共服务领域专业知识的传播。如网络平台上的用户可以分享上传著名高校和名师的慕课资源,利于相关专业人员便捷高效地获取知识,提高自身的专业素养,为公共服务储备高水平人力资源,以此来增强公共服务供给的质量。其次,数字技术可以打破在公共服务领域存在的行政壁垒。如长三角地区通过"电子证照互信互认"拓宽企业群众异地办事"同城"待遇,推进身份证、驾驶证、营业执照等高频电子证照在跨区、跨部门场景中的共享互认,以更优质的服务质量和低廉的服务费用提高公共服务供给的质量。

第三节　构筑城市数字经济发展的治理体系

城市的数字化治理体系作为一个有机、协调和动态的制度运行系统,以城市地理空间数据信息为载体,城市居民、企业以及政府为三大主体,利用新一代信息技术挖掘分析城市数据,形成城市资源数字化配置系统、城市数字化监管和预警系统、智能化的城市数字经济发展治理体系。

一、城市资源数字化配置系统

城市的人口和产业分布往往是要素集聚的结果,因此会呈现明显的非均衡性。而城市人口的高流动性、城市产业管理的复杂性等因素给城市治理带来了严峻的挑战。数字技术的出现有助于政府在治理城市的过程中及时监督城市资源的动态供给和流向,针对问题精准施策,从而构筑安全、合理、高效的城市资源数字化配置系统。

一是挖掘分析城市数据,打破"信息孤岛"。由于科学技术因素和管理制度因素导致城市资源错配问题在经济发展过程中屡屡发生。数字技术的出现,有助于政府和企业利用物联网、人工智能技术获取经济活动中多源异构的城市数据,有助于在技术层面上降低信息不对称导致的资源错配。如通过研究分析居民和企业的电力消费数据,利用数字技术搭建城市智能电网,合理配置城市电力资源,减少电力资源浪费。当然政府也要加强城市数据的监管,保障数据信息安全,并且在配置城市资源的过程中增强公开性,防止某些为了个人利益导致的寻租行为的出现。

二是正确引领舆情走向,提高公众对城市资源配置的满意度。随着数字经济的快速发展,城市微观主体可以通过微信公众号、微博、知乎等自媒体平台公开发表个人观点,但与此同时公众个人的态度也会影响城市的治理。城市微观主体往往缺乏专业知识及大局视角来分析社会发展热点,个人的错误观点会引发一系列的城市舆情误导公众走向,引发公众的信任危机。但是相关部门可以依靠信息分析和人工智能技术整合分析平台上公众的态度,在此基础上精准公共资源配置决策,引领舆情正确走向,迅速合理化解矛盾,提高公众的满意度。

二、城市数字化监管和预警系统

城市在发展过程中会面临各方面的风险,对危机处理不及时或者解决方案不当都会严重损害城市的发展质量和相对竞争力。建立健全城市数字化监管和预警系统,可以从预防风险、监测风险、风险溯源等方面降低城市治理成本,进一步保障城市安全。

一是通过定位追踪和实时监管确保公共资源的安全性。治理城市的首要目标就是要保障经济社会平稳安全,因此对城市各类资源的流动精确追踪提出了更高的要求,否则就会出现大量造成社会不稳定的安全隐患问题。比如区块链技术有助于城市监管部门精准定位流向市场的药品,防止篡改药品信息,推动创新药品智慧监管。利用数字技术和城市数据实施资源流动的全流程监管,智能保障药品、资金、食品的安全,提高城市的安全性。

二是通过建立城市重大突发事件的预警体系提高城市化解危机的能力。2020年年初突发的国际重大公共卫生事件——新型冠状肺炎,对我国城市治理体系和治理能力提出严峻考验,在党中央临危不乱的指挥下,各城市把5G、大数据等新一代信息技术作为战"疫"武器,实时监测疫情动态走向以及高危人群的区域分布,降低大范围传播疫情的风险,提高疫情中物资调配的效率,为战胜疫情作出了突出的贡献。

第四节　助力城市数字经济发展的对策

第一,加快城市数字基础设施建设,夯实城市数字经济基础支撑。推进城市重大网络智能化基础设施改造,提升基础设施服务能力。围绕着智慧医疗、自动驾驶、工业互联网等加快布局和建设新型基础设施。推动建设城市大数据中心,打破"信息孤岛",应用于数字政府、智慧城市等场景中。

第二,正确把握和处理市场和政府发展数字经济的关系。市场化程度越强的产业,其数字技术越容易广泛应用,数字化程度越高。但是市场化程度低的产业,尤其是政府干预性较强的产业与数字经济融合度较低。因此在发展城市数字经济中,应该以市场机制为基础进行资源配置,实现产业与数字经济的深度有效融合,提高其数字化程度,有效发挥规模效应降低数字经济成本。政府应该完善与数字经济相关的法律和监管制度,为城市数字经济创造良好的发展环境。

第三,城市数字化治理需要突破"数字鸿沟"。城市应该有目的地大量培养和提高城市主体数字素养。政府应加强对数字经济的重视程度,加强对数字经济在整个城市中的宣传、教育投入,加快数字化政府建设,优化数字经济发展环境。鼓励企业对数字技术进行投资,提升数字技术创新能力,深入推进产业数字转型。鼓励城市各主体对数字工具的使用,创造城市内部数字交流环境,推动城市数字化治理以及高质量发展。

第六章　企业数字化转型发展机制与路径

　　自进入 21 世纪以来,以大数据、云计算、物联网等为代表的数字信息技术迅猛发展,依托于数字技术的数字经济也逐渐成为引领中国宏观经济高质量发展的重要抓手。同时,基于互联网技术的"物联网"的发展实现了人与人、人与物、物与物的互联互通,从技术上为企业数字化转型提供了现实可能性。随着数字技术与企业各项生产及管理等活动不断深入融合,企业的高质量发展也迎来了新转机。以微软、阿里巴巴等企业为例,数字技术通过对企业自身的管理、生产制造等方面进行转型升级,显著地推动了企业的高质量发展。但数字经济如何赋能企业高质量发展? 这仍是目前亟待解决的问题。因此,本章从现实出发,通过对我国企业数字化转型的现实活动进行剖析,厘清数字经济赋能企业高质量发展的机制、路径以及支撑体系,为其高质量发展转型提供理论基石。

第一节　企业数字化转型发展的机制分析

　　近些年关于数字经济赋能高质量发展的机制以宏观层面的

研究居多,比如赵涛等(2020)利用中国 222 个地级及以上城市的数据进行研究发现,数字经济可以通过提升创业活跃度,从而赋能高质量发展。宋洋(2020)利用计量方法证明了技术创新在数字经济和高质量发展之间存在部分中介效应。此外,目前部分学者也注意到企业在数字经济时代遇到的一些问题,比如企业组织发展的动力、形态等与以往相比有着很大的不同(郭海等,2019;冯鹏程,2018),这使企业的创新活动及模式的发展有了更多可能性(张昕蔚,2019)。也有研究指出,数字经济会促进中小企业价值链攀升(裴莹等,2019)。虽然确有研究敏锐地观察到了数字经济对企业发展的影响,但比起现实中数不胜数的企业数字化转型实践仍略显单薄。因此,关于数字经济如何为企业实现高质量发展赋能的问题,仍需要进一步从理论上来研究探讨其内在逻辑机制。本章提出数字经济将从组织环境、生产流程、创新行为、交易成本以及资产管理五个方面为企业数字化发展赋能。

一、推动企业组织环境由静态向动态转型

组织环境指潜在影响组织运作及效益的因素总和。根据环境系统的特性,组织环境划分为"简单—稳定的环境""复杂—稳定的环境""简单—动态的环境""复杂—动态的环境"四种状态。其中,"复杂—动态的环境"状态复杂性最大、不确定性最高、管理最为困难。随着数字经济的迅猛发展,企业组织环境比起住所面临的不确定性更为繁杂,组织处于"复杂—动态的环境"状态频率也越来越高。此外,数字技术的日益成熟使市场门槛变低,企业获取信息的成本大幅减少,因此规模效应不如以往明显。因此,组织为

提高自身竞争能力来应对此类问题,势必会不断拓宽组织环境的包容性,从而造成组织环境处于不断的动态变化之中,即"复杂—动态的环境"将成为常态。但动态的组织环境能够极大地提升企业的决策效率。随着大数据、云计算、物联网等技术与企业生产管理活动不断交融、不断渗透,企业组织内部的信息沟通越发便捷,命令传达也越发精准、快速。这不仅使企业节省了大量信息沟通成本,同时也最大限度地缓解了企业高层在作出决策判断时信息不对称的问题,降低管理者决策的失误率。此外,动态的环境意味着企业与用户、用户与用户之间的联系更加紧密,用户对企业的需求亦表现出不断变化的动态性特征。

二、推动企业生产流程由人工化向智能化转型

企业生产流程由人工化向智能化转型是数字经济最为显著的特征之一。一方面,数字技术能够有效缩短生产状态数据采集的时间间隔,使即时监控生产状态成为现实。将数字技术应用在各个生产环节不仅解决了人力记录生产数据所存在的时滞难题,也使所采集的数据精度更加准确。另一方面,数字技术将以前依赖人的生产活动,变得可以自动化、智能化,提高了企业的生产效率。同时数字技术为实现按需生产提供了现实条件。共享是数字经济的典型特征之一,互联网平台能够把企业与消费者联结起来,实现供给方与需求方的实时交流与信息共享。企业与消费者的信息共享不仅满足了消费者的个性化定制需求,而且使企业的供给实现了按需生产,最大限度地避免了因大量存货而带来的储存成本。人工化时代,由于信息集聚成本十分昂贵,信息共享与即时更新难以实现,生产者和消费者处于彼此割裂的状态。直到智能化的出

现弥补了这一缺陷,数字技术的应用使信息的集聚、共享与交互变得更加简捷易行。此外,企业生产的预警和预防机制随着智能化场景的广泛应用也越发科学。预警机制是指能够有效辨识并提取事故信息,提前警示将要出现的故障,从而使现场管理人员乃至公司能够及时、有针对性地采取预防措施,降低事故发生概率的一种机制。在传统时代,由工人依靠自己的工作经验判断生产运行状态并控制、处理生产运行过程中的问题。智能化的普及使设备一旦出现故障便会主动报警,工人不必时时刻刻紧盯生产,极大地提高了生产效率,解放了劳动力。然而无论是谁来预警,维修成本都由企业支付。因此想要降低维修成本就要减少机器故障发生率。数字化时代,"机器自愈"成为可能。在数字化、智能化的应用场景中,企业可以依靠长期跟踪积累的生产大数据,及时发现、修复生产过程中存在的问题。

三、推动企业创新行为由封闭式向开放式转型

创新是企业适应新市场和新商业环境不可或缺的能力。对于企业而言,创新才是打破陈旧、应对波诡云谲市场的唯一法则。新一代数字技术打破了数据、资本和人才之间的交互壁垒,使传统的社会分工合作方式受到冲击。数字经济除了在企业组织环境和生产环节方面的变革起了很大作用之外,也使企业的创新行为从封闭式逐渐转向开放式。以往企业基于"成功的创新需要控制"的理念,将创新活动严格控制在企业内部,从而获得对产品在市场的垄断权。但随着数字经济与数字技术的不断发展,原本的封闭式创新模式遭遇了极大的挑战,创新组织模式发生了巨大变化。在数字经济背景下,新的创新组织模式是由多个主体构成的互联共

享的创新生态系统。比起以往,创新过程将从封闭式转向开放式,从排他性转向包容性,在新的组织模式下,以往有限的、低效的各类资源配置亦将更加宽泛、高效。数字经济不仅带来了全新的发展理念,也让资源的配置模式有了全新的变化。虚拟网络空间的不断延伸为参与创新过程的主体在网络上的集聚提供了平台。基于大数据算法,企业能够轻易地完成以往既定数据与实时更新数据的配对,物理空间与虚拟空间的交互能够帮助更多的用户主体轻松加入企业的各类创新活动,进一步促进企业创新过程更加具有开放性、更加富有弹性。

四、推动企业交易成本由高向低转型

交易成本指企业经营过程中花费的时间成本和货币成本总和。相较于传统的经济形态,数字经济更为数字化、智能化。在数字经济背景下,生产的核心要素转变为数据资源和数字技术。随着信息技术的不断革新,企业的交易成本大幅减少、信息收集成本几近为零,网络数字技术大大降低了企业由于信息不对称所额外花费的成本和精力。以在线评级系统为例,它是消费者选择低价优质产品的有效途径,在线评级能够让消费者从产品的价格、材质、外观等方面最为直观、便捷地比较不同种类的产品,最终从众多商品中选出最贴合心意的产品。借此,企业能够以最小的成本投入集中精力于收益最高的优质产品,打造知名品牌,提高流量和在线声誉,进而提高产品的市场竞争力。

五、推动企业资产管理由实体资产向数据资产转型

在以机器技术为重要特征的传统工业时代,企业的资产管理

集中在机器设备、土地、厂房等实物资产;随着新一代信息技术出现和经济结构调整,新兴工业发展繁荣,极大地冲击和改变了原有工业结构,我国经济发展步入数字经济时代。企业资产管理也由以实物资产为核心转变为以数据资源为核心,拥有丰富的数据信息成为企业在市场站稳脚跟的制胜法宝。因此,越来越多的企业开始重视虚拟化数据资源管理,将数据资源管理作为企业资产管理的重要内容,通过海量数据的获取、存储、分析等环节丰富企业数据资源、提升企业资产管理水平。

第二节　企业数字化转型发展的路径

基于互联网技术的数字化信息是现代企业未来生存竞争的全新武器。在数字化转型的浪潮中,企业之间比拼的不再是谁的体量更大,而是谁获取信息的速度更快。未来企业需要思考的更重要的问题是在数字技术迅猛发展的时代,如何能够留住用户不被抛弃,如何保持住自身竞争力而不被超越。据此,本节认为数字经济赋能我国企业高质量发展转型主要有五大路径。

一、持续推进企业数字化转型

如今,许多传统企业紧跟数字经济潮流,加入数字化转型的大军之中,试图借助数字化技术对其自身企业从内而外地进行一场全新的变革与升级。借力于数字经济与数字技术,各类企业未来都将迈入数字大门,包括大量传统产业也有机会利用数字化转型实现自身的革新与升级。中国企业的数字化转型比重虽然在不断增加,但 2020 年国家信息中心信息化和产业发展部主任单志广指出:"我国企业数字化转型的比例只有 25%,低于欧洲的 46% 和美国的 54%,超过 55% 的企业尚未完成基础的设备数字化改造,制造业的数字化率不到 50%,应用信息技术实现业务集成的比例不到 20%。"因此,企业数字化转型虽任重道远,但又势在必行。首先,企业要利用物联网、云计算等数字技术优化其生产流程,推动企业完成从分离的、割裂的单机生产向交互的、共享的智能生产转型,完成数字车间、数字工厂的智慧升级,提高企业生产运营管理效率。其次,要借助数字手段联结企业各生产环节,搭建虚拟互联网平台,持续推进设备和生产线数字改造,提高产品研发、生产、贮藏、运输以及售后服务等各重要环节的数字化率,建立高效生产管理体系。最后,每个企业都要清晰地认识到数字化转型是企业发展的重中之重,紧跟数字化转型步伐,从企业产品、运营、服务等全方位实现数字化转型与升级。

二、全力支持企业技术创新和商业模式升级

技术创新大体上可以分为两大类:一是对已有技术进行应用的再创新;二是开发新技术。商业模式通俗来讲就是企业为客户提供产品和服务并借此获取利润的某种途径或方式。技术创新与商业模式创新是数字经济发展的重要助推力,政府部门可采取一系列政策措施,激励企业用好数字工具,不断革新技术,持续优化升级商业模式,帮助企业构建全新的管理体系与科学的配套制度体系。为达成上述目标,政府一方面应注重制订适度自由的市场制度,完善相关的法律法规制度,保障技术创新;另一方面要促进网络与现实、产品与服务、技术与市场的相互交融,并采取多种政

策手段鼓励企业进行商业模式创新,比如支持发展新兴业态、安排专项资金帮扶企业优化升级商业模式等。

三、推进企业管理模式数字化升级

数字经济时代的特征之一就是信息数据每时每刻都在发生。对于企业来讲,他们需要建立一套独立完整的数据收集、运行、处理体系,利用大数据、云计算等数字技术对时时刻刻发生的数据进行智能化收集、清洁以及运算,并利用构建的网络虚拟平台实时将有效信息精准传递至设备或工作人员处,借此降低企业在生产经营管理活动中的不确定性风险。数字经济时代信息交互方式的特点是范围广、速度快、准确度高,因此传统的企业管理方式不再适用,企业的管理方式需要革新。一是推动企业生产管理方式革新。以往囿于技术条件,企业内外部人员想要直接参与产品研发、设计、生产、升级等活动的组织成本与管理费用太高,而大数据、互联网、云计算等数字技术的成熟使其成本大幅降低,企业内外部人员直接参与企业生产的关键环节成为现实。此外,基于大数据、云计算等算法能够更加精准地分析企业的生产能力与客户的需求,有效提升企业的产品与市场需求之间的适配程度,提高企业生产效率。二是推动企业营销管理方式革新。借助新兴数字技术,企业能够完美瞄准客户,识别客户潜在需求,精准定制营销策划,提高企业收益。三是推动企业管理决策模式革新。借助数字平台,企业内部的沟通与自上而下的信息传递会更加简洁高效。同时利用网络共享的信息平台,身处高位的管理层也能随时掌握各类情报,提高管理效率。

四、重视企业数据产权保障

大数据对于数字经济来说如同土地对农业经济、机器设备与资本对工业经济一般重要。数据资产是未来企业参与市场竞争的核心。正如前文所言,未来企业的核心竞争力不再取决于企业体量的大小,而是占据数据资产的多少以及对其使用效率的高低。我国已然是世界数据资源最为富裕的国家,中国的人口基数与广泛且频繁的市场交易活动是我国"生产"数据的天然养料池。因此,摆在我们眼前更为迫切的任务是要将企业的数据产权保障提升到战略高度。

第一,保障充足的数据来源。随着数据收集技术的不断革新,未来的数据资源体量会越来越大,其存储方式一定是分布式存储,即各类数据分散在各个部门和单位,由网络虚拟平台进行联结,构建成一张庞大的存储网络。因此对数据的取用模式可以设定为:由政府牵头,依靠政府公信力联结各个分布式存储的数据库,建立大数据平台,打破企业获取数据资源的壁垒,实现数据即时共享、实时提取,从而保证企业有充足的数据储备。

第二,完善数字安全监督体系。数字经济的发展时刻面临着黑客攻击、隐私保护、不良信息等安全问题的挑战,数字经济的高质量发展离不开数字安全产业的支撑。我们必须将数据安全保护放在核心位置,促进数字安全技术在各数字安全产业的全方位应用。

第三,规范数字安全法律法规。制定并不断完善个人及企业数据信息合法合规使用的法律法规及规范准则,从数据的收集开始,到数据存储、传输、使用以及删除等多个环节进行科学系统把控,为企业拓展数字化业务提供强有力的法律保障。

五、提升企业生产要素的组合效率

数字经济的最大优势在于能够依托数字技术对企业内部与外部的数据、知识、资金以及人才的流通及使用进行有效整合，显著提高了企业生产要素的组合效率。数字经济有别于农业或工业经济的显著特征就是数据信息将成为未来数字化企业生产中的核心生产要素。人工智能技术的应用优化升级了企业生产过程中生产要素的投入、组合以及使用方式，有利于企业实现以最小投入获得最大产出。此外，数字技术的应用也会大幅降低企业信息搜寻成本以及组织成本，提高企业在生产、运输、销售以及服务等关键环节的效率，提升企业经济效益。

第三节　企业数字化转型发展的支持体系

以极低的成本获取以前获取不到的数据，将以往强依赖个人主观能动性、个人专业度以及敬业程度的数据分析工作转变为利用数字工具的低门槛、低成本的自动化、智能化数据分析过程是企业完成数字化转型之后能够获取的最为直接收益。但现实中完成数字化转型是一个漫长、艰难的过程，且成功率不高，即使转型成功的企业通常也要付出较大代价。埃森哲（Accenture）此前的一项研究表明，我国只有7%的企业数字化转型的效果不错。但在全球产业链的布局和竞争中，数字化转型已成为企业的一门"必修课"，因此企业的数字化转型势在必行，但又不能操之过急。企业的数字化转型要建立起"理念+资金+人才+平台"四位一体的支撑体系，要在科学的指导下稳步推进。

一、企业数字化转型的理念支撑

数字化转型（Digital Transformation）是建立在数字化转换、数字化升级的基础上，开发并利用数字化技术及支持能力，推动企业从组织模式、生产流程以及企业文化理念等各个方面完成转变，从而新建一个富有活力的数字化商业模式。数字化转型要分阶段、分步骤地理性规划、持续投入，不能急功近利。第一步是要让企业员工尤其是中高层管理人员在头脑中形成"数字化的本质就是生产力和生产关系的重构"的共识。因为数字化转型涉及人、钱、设备，与企业的市场、产品、技术、法务等各个部门息息相关，需要联动各团队的负责人、中层、一线工作人员，如果企业内部各方不能达成共识，数字化转型将异常艰难。第二步是企业要将数字化的理念转化为实际行动。为此，要不断加大对数字化的投入力度，促进数字技术与企业管理、生产、销售等多环节的深度融合。要不断优化数字化转型的软件及硬件基础设施，从战略高度上明确企业数字化发展方向，制订行之有效的战略规划，促进企业由传统的、封闭的、割裂的产品导向模式向新兴的、开放的、交互的用户参与模式转化。

二、企业数字化转型的资金支撑

传统企业在数字化转型前期需要投入大量资金，且投入周期长、见效慢。这会使许多资金并不充足的企业尤其是中小型企业对数字化转型望而却步。

为克服这个困难，一方面，可以由我国各级政府财政部门设立企业数字化转型的专项基金，为中小型企业数字化转型提供部分资金支持，缓解企业的资金压力。另一方面，要利用好我国各省数据集团或各基金组织、联盟设立的企业发展基金,鼓励企业积极参与数字化转型。同时,要在全国范围内大力宣传,借力政府成功完成数字化转型的企业案例,鼓励各行各业企业学习借鉴标杆企业的成功经验,充分发挥先进数字企业的示范效应。

三、企业数字化转型的人才支撑

如今在企业数字化转型过程中,人才仍然十分稀缺。大多数企业的大部分成员对数字经济的认知仍然十分浅薄,能够参与数字化转型工作的人才少之又少,能够熟练运用数字技术的人才更是凤毛麟角。企业的数字化转型需要数字化专业人才、数字化应用人才、数字化管理人才等各方面人才。数字化专业人才需要有技术能力、产品能力、运营能力以及项目管理能力;数字化应用人才的主要任务是通过实践将技术应用到业务场景上,提高业务价值与效率;而数字化管理人才是对降本增效作出整体规划布局,并能够领导其他两类人才推进企业的数字化转型。因此,针对数字化人才的需求,企业要在数字化人才的培养、引进、配套政策等方面采取有效措施,缓解数字人才支持不足的压力。比如设立长期有效的人才激励机制,优待数字人才,完善配套人才福利制度,吸引人才、用好人才、留住人才;高校应扩大与数字经济相关的专业的招生规模,培养更多的优质数字经济人才;此外,还可采取校企合作的模式,对企业在职的员工进行技能再培训,或由高校内“长江学者”“杰出青年”、专家教授等为企业提供智力支持。

四、企业数字化转型的数据支撑

数字经济时代,企业需要更多数据支持企业的智能化转型。

基于云计算技术的云数据中心构建为企业数据搜集、整理提供了智能化的云服务,云服务中心能够以租用的方式代替直接购买企业数字化业务所需的软硬件资源。通过网络以按需、易扩展的方式获得所需服务,能大幅减少企业购买或自建软硬件所需的费用,提高企业数字化应用效率。依靠云服务中心联结各个分布式的信息孤岛,可以促进企业内部的资源、数据共享,简化企业对外业务的信息沟通流程。因此,政府要加快完善云数据中心建设和企业使用云数据中心的政策支持。一方面,提升新一代信息技术投资力度,加快云计算等新一代信息技术研发水平、构建世界先进的云数据中心;另一方面,对于使用云数据中心的企业给予税收、财政补贴等优惠,以此激发企业上云,提高参与建设和使用云服务中心的积极性。尤其对于制造企业,有利于激发制造业企业在产品研发、生产、销售、售后多个环节对云服务中心的使用积极性。

第七章　数字经济提升我国现代服务业发展潜力研究

2007 年,《国务院关于加快发展服务业的若干意见》提出,要重点发展现代服务业。2012 年,国家科技部发布了《现代服务业科技发展"十二五"专项规划》以促进科学技术对现代服务业发展的支撑。随着越来越多的政策落地,我国现代服务业的发展越来越受到政府和学界的重视,现代服务业发展活力不断释放。

一方面,依据国家统计局《中华人民共和国 2021 年国民经济和社会发展统计公报》,信息传输、软件和信息技术服务业,金融业,房地产业增加值比 2020 年分别增长 17.2%、4.8% 和 5.2%;另一方面,服务业转型升级态势稳健,数字变革加速了新消费行为和新经济形态的涌现,线上购物、直播带货、网上外卖等新消费模式强势增长,2021 年实物商品网上零售额为 108042 亿元,比上年增长 12.0%,占社会消费品零售总额的比重为 24.5%,对社会消费品零售总额增长贡献率为 23.6%。上述经济事实表明,随着新一代信息技术和现代服务业的不断融合,数字经济赋予了我国现代服务业巨大的发展潜力。

数字经济对我国现代服务业发展潜力到底有着怎样影响,具体的影响机制是什么? 并且,在我国经济增长速度放缓的大背景下,现代服务业实际增长率也在逐年下降,从 2007 年的 8.76% 降至 2020 年的 1.72%。导致现代服务业实际增长率下降的原因是由于其潜在产出的下降,还是有效需求不足而使生产力没有得到充分利用? 如果是由于潜在产出的下降,能不能通过发展数字经济促进现代服务业实际增长率的提升? 本章将通过一系列分析尝试对以上问题作出解答。

关于数字经济和服务业发展潜力的文献主要分为以下两部分。

一是数字经济与服务业发展的研究。江小涓(2017)从整体服务业发展角度讨论了数字经济对其带来的影响,认为在当下诸多影响服务业发展的新因素中,互联网的影响最为重要。互联网使社会各个层面高度联通,各种资源出现了广泛的聚合重组,服务业的商业模式、竞争方式和激励机制都具有新特征。传统的服务业理论已经无法有效解释现实问题,亟须出现新的理论。文章首先总结了互联网时代服务业的重要新特征:规模经济显著、范围经济显著和长尾效应显著,以及资源重组与聚合的新形式:通过争夺注意力来聚合需求资源;以平台企业聚合市场资源;用反馈机制和大数据来聚合质量信号;提出全产业链聚合生产资源;借共享经济聚合碎片资源。其次,文章认为由于互联网的发展,服务业生产率低的论断已经难以成立,价格形成机制已经发生改变,理性人的假设需要更多讨论。最后,文章表示互联网时代出现隐私保护、理论创新等问题需要更多的研究和讨论。江小涓等(2019)还讨论数字经济对服务贸易与服务全球化的影响。文章概述了信息与网络给服务业带来的根本改变:极低成本的远距离服务交易成为可能,具备了极为显著的规模经济效应和范围经济效应。这种改变将形成由服务供给全球化、服务消费全球化和服务生产全球化三者组成的合力推动服务全球化水平提高。文章通过实证分析认为提高开发程度可以促进我国服务业的发展,提高我国在全球服务贸易中的竞争力。

二是数字经济与服务行业的研究,主要关注数字经济对传统服务行业的冲击与改变。首先,关于金融业的研究,谢平等(2015)认为互联网会促进金融交易和组织形式的根本性变化,这是因为互联网能显著降低交易成本和信息不对称,提高风险定价和风险管理效率,拓展交易可能性边界,使资金供需双方可以直接交易。其次,关于批发零售业的研究,谢莉娟(2015)研究发现在具有自主采购的虚拟制造能力、充分汇聚的连锁经营网络和自主经营的零售品牌优势前提下,大型的专业连锁零售商、综合零售卖场和网络零售商均有实力和潜力排除中间环节建立供应链逆向整合。此外,郭燕等(2016)总结了传统零售转型的三种模式:相互独立、相互补充和相互融合,分析了目前传统零售转型过程中存在模式选择不科学、提质增效不明显等问题,提出了传统零售企业应实施"全场景消费"战略、重构业务流程和有效利用大数据实现转型升级三大建议。最后,关于体育与文化产业的研究,江小涓(2018)从市场规模的暴涨、消费者选择多样化和多种衍生价值产生三个方面得出网络时代体育服务业已经完全改变了其低效率的性质,成为高效率产业的结论,并对服务消费增长的时间约束、等值替代的福利含义、"赢者通吃"产生的收入差距问题进行了思考。

本章的主要研究内容包括:一是对我国现代服务业发展潜力

的定量估计,即明确我国现代服务业发展潜力的大小,以及潜力与实际之间的差距;二是从理论和实证两方面厘清数字经济对我国现代服务业发展潜力的影响机制。当前学界对以上两个问题研究并不充分,本章正是基于对上述问题的思考,试图从现有理论出发,结合我国现代服务业发展的事实,对我国现代服务业发展潜力进行估算和预测,并探究数字经济对我国现代服务业发展潜力的影响机制,最后基于理论分析和实证检验,对数字经济促进我国现代服务业潜力开发给出相应政策建议。

第一节　数字经济提升现代服务业发展潜力的理论阐释

传统的服务经济理论认为,服务产品自身特性要求服务生产和消费必须同时同地进行,不能储存和运输,服务交易也只能点对点、面对面交换。在服务生产过程中,劳动力是主要的生产要素,服务产品难以借助机器进行生产,不能提高生产效率和扩大生产规模。因此,服务业的生产率长期处于一个比较低的水平。这其中最具代表性的理论是威廉·鲍莫尔(William Baumol)的"成本病"理论。鲍莫尔(1967)认为,物质产品生产部门受技术进步和规模经济的影响,劳动生产率持续提高,工资也随之增长。由于服务生产部门和物质产品生产部门之间存在工资趋同的要求,服务部门的工资也会随之上涨。但是服务生产部门没有采用新的技术,也不存在规模经济,所以工资上涨不能被劳动生产率的增长所抵销,单位服务产品的生产成本会越来越高。随着服务业在经济总量占比日益增加,经济体的生产率增长会出现逐渐下降,经济增长率也会被拉低。

虽然"成本病"理论产生了广泛的影响,但是其理论基础——传统服务业的特性正在逐渐被改变。特别是随着数字经济的发展,现代服务业产生了许多与传统服务业不同的新特点:可储存可运输成为服务的新性质,平台成为现代服务业发展的新载体,互联网企业成为现代服务业的新厂商,消费者的需求出现了新变化。这些新特点毫无疑问已经改变了传统服务业的特性,动摇了传统服务经济理论的基础,并且会引导服务经济理论的修正和创新。本节将从这些现代服务业新特点出发,归纳分析出数字经济是通过哪些内在机制影响现代服务业规模增长和生产率提高,即现代服务业潜力的开发。

一、边际成本降低产生规模经济

由于数字经济的发展,服务业特点发生了重大变化,由原来的不可储存和运输,变为了可储存和运输,服务生产厂商可以将自己的服务产品储存在互联网上,而不寄托于有形的储存介质,无形的信息复制成本几乎可以忽略不计,这使服务的边际生产成本趋近于零。现代服务业这一新特点的出现,极大地改变了服务的供给和需求。在供给方面,极低边际生产成本和可变成本使现代服务业的供给可以迅速和无限制的增长,这为规模经济的形成提供了物质基础。在需求方面,新一代信息技术使服务远距离贸易成为可能,让全球市场成为现代服务业的需求来源,为规模经济的形成提供了发展空间。受数字经济影响的消费性服务业是这方面的典型代表。例如体育赛事转播,在 20 世纪 60 年代以前,体育比赛观看的边际生产成本一直是较高的。这是因为消费者想要观看一场体育比赛，必须到比赛举办场馆购买门票以获得服务，而比赛场地座位是有限的，即体育比赛服务的供给是有限的，所以举办方只能定下较高的门票价格来支付比赛费用，如果提高门票价格，则会导致消费者大幅度减少。因此在卫星电视和互联网普及之前，体育行业的劳动生产率始终较低。电视和互联网的出现后，比赛举办方可以借助新技术将比赛转播给全球的观众，对于举办方来说每增加一位观众的成本近乎为零，这使观看比赛的费用极低，甚至是免费观看。总之，数字经济降低了生产服务的边际成本并且拓宽了市场容量，服务价格大幅度下降；低廉的服务价格刺激了需求的增加，在富有弹性的需求曲线下，现代服务业的市场规模迅速扩大，劳动生产率逐步提高，出现了规模经济。

二、交易成本降低促使服务外包

现代服务业中最主要是生产性服务业，例如科学研究和技术服务业、软件和信息技术服务业、商务服务业等，这些行业都是知识技术密集型行业，主要为以制造业为主的生产活动提供必要的辅助服务。

在现代制造业发展初期，这些服务活动通常是包含在企业内部的。制造业企业一般分为生产部门和服务部门，生产部门负责产品生产，服务部门则负责销售、管理及设计等辅助活动。但数字经济时代，服务可以便捷地在制造业和现代生产性服务业间储存和运输，制造业企业购买服务的交易成本大大下降。如同科斯在《企业的性质》中论述的一样，当制造业企业购买服务的成本高于内部生产服务的成本时，企业便不会将服务外包，只有交易成本下降企业边界才会收缩,服务活动同生产活动分离,例如企业的审计、研发、运输、仓储、售后服务活动等。分离出来的服务活动逐渐成为新兴的现代服务行业,社会专业化分工程度随之提高。

社会分工一方面提高了现代生产性服务业的专业化水平和服务水平,引致服务需求的增加;另一方面降低了服务的生产成本,促进了规模经济效应的形成,推动制造业企业将更多的服务外部化。在这两方面共同作用下,现代生产性服务业的市场规模不断扩大,劳动生产率得以提高。另外,服务的可便捷运输和储存特性有助于生产性服务业突破本地市场需求的限制。

在数字经济出现之前,异地服务交易成本过高,生产性服务业的规模主要依赖于本地市场的需求,本地市场容量的大小决定了服务生产的多少,这导致生产性服务业难以形成规模经济。在数字经济时代,生产性服务业不再受困于本地市场,而是可以借助互联网企业向全国其至全球供给服务,最终在需求拉动下实现现代生产性服务业规模的扩张。

三、信息不对称性减少提高交易效率

数字经济时代到来以前,信息的传递速度是较慢的,传递效率也较低,人们获取信息具有滞后性。信息传递的局限使价格信号、服务和产品供给信息、质量信息等无法有效在交易双方间传递,信息不对称在传统服务行业中大量存在,在交易过程中容易出现交易成本过高、服务和产品质量信任等问题。但在数字经济时代,现代服务业产生众多汇聚大量信息的平台,这些平台包括天猫和京东等电子商务平台、美团和大众点评等生活服务平台,服务或产品交易在这些平台上完成,有效地解决了搜索和比较成本较高的

问题。

在平台模式下,平台商通过价格优惠吸引众多生产者和消费者接入,一方面,消费者可以通过"搜索"和"推送"功能在平台上便捷地获取自己的需求信息,降低寻找合意服务或产品的时间和费用;另一方面,平台上的生产者可以基于大数据分析消费者行为特点,精准地向潜在消费者投放广告,降低营销费用,即厂商搜索需求信息的费用。当平台流量越大时,消费者搜索比较合意服务或产品的成本和厂商营销的成本越低,平台商也可以获得更多的广告收入,以吸引更多消费者和厂商。因此,消费者和厂商的交易成本在平台模式下大大降低了。交易成本的降低又会促进服务或产品价格的下降和消费者需求的上升,交易规模随之扩大。

2019 年,携程首次对外发布的《携程用户报告》显示,1999年,携程平台用户人均年订单数约为 2 单,订单均价约为 750 元。截至 2018 年年底,携程平台用户达到 4 亿人,人均年订单数超过14 单,订单均价超过 1600 元。

四、产业结构扁平增进消费需求

传统批发零售行业的组织结构一般是多层营销体系,从生产者到消费者一般要经过中间商、批发商、零售商等角色。但数字经济时代,C2C、B2B、B2C 等电商平台模式的出现使批发零售业的产业结构发生了改变,大大减少了销售过程的中间环节,组织结构呈现扁平化特点。扁平化的组织结构至少可以从以下两个途径影响销售产品价格。首先,通过平台的"搜索"和"推送"功能,使消费者和总代理商或者厂商能够直接联系,中间环节大幅度减少。没有了中间商的层层加价,消费者和厂商直接交易可以促使产品或服务价格下降。其次,相比于厂商实体零售门店,平台的网络门店可以免去店铺租金、水电费等,降低厂商销售费用,促使产品或服务价格下降。产品价格的下降会引起需求的增加,进而扩大批发零售行业的市场规模。除了价格因素的影响外,大型第三方电商平台的范围经济也十分明显。大型第三方电商平台破除了"实体百货店"的物理边界限制,可容纳的商品种类往往是实体店的千百倍,这极大地满足了消费者某些难以在实体零售店满足的多样化需求。

五、市场竞争增强促进行业升级

数字经济能够有效削弱现代服务业的进入壁垒,提高服务市场的竞争水平。在我国现代服务业中有不少行业存在进入壁垒,例如银行、运输、通信、传媒等,这些进入壁垒有些是政策性的,有些则是市场竞争不充分造成的。进入壁垒的存在严重阻碍了生产要素的流动和配置,造成了某些服务供给质量差、价格高,抑制了需求的增加和行业的发展。但数字经济能够加速信息流动,降低服务的生产成本和交易成本。互联网企业进入现代服务业后,可以改造传统生产模式中低效率的环节,创新经营模式,降低成本并提高服务质量,形成竞争优势。互联网企业的竞争优势使行业壁垒无法将其"踢出",服务市场的竞争加剧迫使传统企业进行创新和改造。整个行业的升级改造使服务质量提高、价格下降,最终释放被进入壁垒抑制的市场需求。

这个过程就如同《经济发展理论》中提到的一样:创新引起模仿,模仿打破垄断,刺激了大规模的投资,引起经济繁荣(熊彼特,1934)。现实经济中,互联网金融、智能化物流、社交平台、新媒体等都是互联网企业参与竞争并改造服务行业的典型代表,这里我们将分析重点放在前两者。传统金融中介的产生基础是金融市场的信息不对称和交易成本等摩擦性因素(谢平,2015),但是大数据和互联网能够显著降低信息不对称和交易成本,互联网企业因此能够有机会进入金融业并与传统企业展开竞争。互联网企业的加入推动形成的互联网金融模式主要有第三方支付、网络小额贷款和P2P业务。与传统金融服务相比,这些金融创新模式具有风险管理效率更高、交易成本更低、交易的可能性边界更广的优点,特别是大大降低了中小企业的融资难度。面对互联网金融的竞争,传统的金融机构也积极进行互联网创新,工、农、中、建、交等银行都推出了自己的电子银行。

综上所述,理论上互联网促进了金融市场竞争,使资本分配更有效率。此外,现代物流业的市场规模是随着网购需求扩大而扩大的,并且由于电商平台的发展,许多互联网企业也创建起了自己的物流企业,如京东快递、苏宁物流和菜鸟物流等。这些新进入的互联网企业凭借着自己对大数据、云计算、智能设备的掌握和应用实现了自动化仓储分拣,打造了智能仓储物流系统,并开始使用机器人、无人机和无人车配送。广泛应用新技术的互联网企业提高了运输效率、降低了运输成本,形成了竞争优势,也逼迫传统物流企业进行技术创新和服务升级。

六、商业模式创新满足需求变化

近些年"网红经济""众筹经济""共享经济"等词汇在现代服务业流行起来,这些热词的背后其实是由于数字经济的出现,新的商业模式被创造,现代服务业需求的新变化才得以充分满足。

网红经济表现为一种依托网络红人进行的营销新模式，但其本质是满足粉丝在精神文化上的新需求。首先，不管网红经济的形式有多少种，其营销模式都是网红通过社交平台和电商平台将粉丝的潜在消费能力变现；其次，网红经济本质上是网红生产精神文化产品满足粉丝新增的精神文化需求；最后，网红经济的出现必须建立在数字经济广泛应用的基础上。因为互联网使社交平台得以出现，社交平台降低了人们分享才艺和生活、交流情感和思想的成本，这才使众多普通人不用花费高额包装和推广成本而成为网红。

众筹经济表现为一种逆生产链的生产新模式，本质是满足消费者日益差异化的需求。"众筹"由"crowdfunding"一词翻译而来，即大众筹资或群众筹资，由此衍生的众筹经济是指消费者通过网络平台集资并满足特定产品或服务的生产要求，最终获得产品或服务的新商业模式。这种新模式改变了传统的"生产—营销"的商业模式，变成以消费者的需求作为生产链起点的"需求—定制"模式。此时生产的产品也必然是从标准化变为个性化，充分满足不同筹资者的差异化需求。此外，众筹经济还减少了因市场盲目生产而导致资源大量浪费的情况。

共享经济表现为一种利用闲置资源的服务供给新模式，本质是满足消费者碎片化的需求。共享经济起初的含义在于把社会闲置的资源利用起来，实现整个社会资源配置的优化。但在我国"共享经济"的内涵重心发生了变化，我国大部分的共享经济不是以闲置资源的使用为重点，而是变成了满足消费者碎片化的需求，所谓碎片需求是指这种服务需求在时间或空间上较短、消费者愿意支付的价格也较低，而需求量又比较大。共享单车、共享汽车、共享充电宝等都是我国共享经济中满足消费者碎片化需求的代表。通过分析这三种新经济现象，我们可以看到不管是网红经济、众筹经济还是共享经济，本质都是由数字经济衍生的新兴商业模式满足消费者日益变化的需求。在这些创新过程中，现代服务业市场规模的扩大是需求得到满足的自然结果。

第二节 数字经济提升现代服务业发展潜力的实证分析

本节将对数字经济提升我国现代服务业发展潜力开发的理论进行实证检验。实证检验主要有两部分：第一部分是通过测算潜在增长率来定量分析我国现代服务业是否具有发展潜力；第二部分是通过构建数字经济发展水平指数，来检验数字经济对现代服务业规模增长和生产率提高的影响。

一、现代服务业潜在增长率的估算

前文中我们通过比较分析定性判断我国现代服务业还具有较大的发展潜力，但这只是经验上的判断，本节我们将运用生产函数法来测算我国现代服务业的潜在增长率，以检验我国现代服务业是否仍具有潜力开发的空间。

（一）估算方法

潜在增长率的测算方法主要有两种：生产函数法和滤波法。本节选择用生产函数法来测算潜在增长率，生产函数法的优点在于有经济理论为支撑,而且可以考察资本、劳动力和全要素生产率等因素对经济增长的贡献。

首先采用柯布-道格拉斯生产函数来描述我国现代服务业的生产,如式(7-1)所示:

$$Y = A K^{\alpha} L^{\beta} \tag{7-1}$$

在式(7-1)中,Y是现代服务业产出,K是现代服务业资本存量,L是现代服务业劳动力投入,A是除资本和劳动力外所有影响产出增长的因素,被认为代表技术水平。α和β分别是资本产出弹性和劳动力产出弹性。式(7-1)两边分别取对数并对时间t求导后,可以转化为增长率形式,如式(7-2)所示:

$$\frac{dY_t}{Y_t} = \frac{dA_t}{A_t} + \alpha \frac{dK_t}{dK_t} + \beta \frac{dL_t}{dL_t} \tag{7-2}$$

其中,$\frac{dA_t}{A_t}$为全要素增长率,代表技术进步的速度。通过最小二乘法我们可以得到参数α和β的估计值,将其和资本增长率、劳动力增长率代入式(7-2)中,我们就可以计算出全要素生产率大小。

测算现代服务业的潜在增长率时,需要先估算"充分就业"时的劳动力投入。然后将其和资本存量、全要素生产率、α和β的估计值代入式(7-2)中计算得出。

(二)变量选取及数据说明

本章利用2005—2020年现代服务业分行业的面板数据来估计参数α和β,并计算现代服务业分行业的全要素生产率。

139

1. 实际产出 Y_i

用现代服务业中第 i 行业实际增加值（Y_i）来表示实际产出，数据通过式(7-3)计算得到：

$$Y_i = \frac{Y_{i名义}}{P_{ser}} \tag{7-3}$$

其中，$Y_{i名义}$ 为第 i 行业名义增加值，来源于 2005—2020 年《中国统计年鉴》"分行业增加值"。P_{ser} 为第三产业增加值平减指数，基期为 2005 年，由"第三产业增加值指数"换算得到。

2. 资本存量 K_i

采用"永续盘存法"来估算资本存量，计算式(7-4)为：

$$K_{it} = I_{it} + (1 - \delta_{it})K_{it-1} \tag{7-4}$$

其中，I_{it} 为第 i 行业固定资产实际投资，固定资产名义投资数据来源于 2005—2020 年《中国统计年鉴》"按主要行业划分的全社会固定资产投资"。固定资产实际投资等于固定资产名义投资除以固定资产投资价格指数，固定资产投资价格指数以 2005 年为基期。δ_{it} 为第 i 行业的资本折旧率，采用王恕立等(2012)的服务业折旧率 4%，作为现代服务业统一折旧率。初始资本存量 K_{i0} 由式(7-5)计算得到：

$$K_{it-1} = \frac{I_{it}}{(g_{it} + \delta_{it})} \tag{7-5}$$

其中，I_{it} 为 2006 年的第 i 行业固定资产实际投资，g_{it} 为 2006 年第 i 行业的实际增长率，δ_{it} 取 4%。

3. 劳动力投入 L_i

用第 i 行业就业人员数来代表 L_i，由于 2005 年后统计数据没有服务业分行业的就业人数，因此采用王恕立等(2012)的估算公式:服务业分行业的全社会就业人数=服务业全社会总就业人数×(服务业分行业的城镇单位就业人数/服务业城镇单位总就业人数)来计算各行业就业人数。

4. 充分就业时的劳动力投入 L^*

用现代服务业潜在就业人数来代表充分就业时的劳动力的投入,现代服务业潜在就业人数=潜在就业人数×(现代服务业就业人数/总就业人数)。潜在就业人数的估算参考陆旸等(2014)的公式:潜在就业人数=16周岁以上人口数量×16周岁以上劳动参与率×(1-自然失业率)。其中,16周岁以上劳动参与率=经济活动人口/16周岁以上人口数量。自然失业率参考都阳等(2011)的估计结果,采用不变自然失业率,为4.24%。2005—2020年,经济活动人口(劳动力)数据来源于《2021年中国人口和就业统计年鉴》。

(三)估算结果

通过式(7-2),代入12个分行业面板数据进行回归,结果如表7-1所示。通过 Hausman 检验,结果显示 F 统计量为1.38,P值为0.7094,无法拒绝原假设,因此选择随机效应模型,α估计值为0.3734,β估计值为0.5707。

表7-1 面板模型回归结果

变量	固定效应模型	随机效应模型
$\ln K$	0.3758 *** (17.43)	0.3734 *** (17.71)
$\ln L$	0.5611 *** (2.87)	0.5707 *** (3.36)

续表

变量	固定效应模型	随机效应模型
_cons	4.2536 *** (7.13)	4.2086 *** (6.50)
Obs	224	224
组间 R^2	0.8008	0.8008
Hausaman 检验 F 统计量	1.38	—

注：*、**、*** 分别表示变量在 10%、5%、1%的水平下显著。

  将各行业的实际产出增长率、资本存量增长率、劳动投入增长率以及 α 和 β 的估计值代入式(7-2)，我们可以得到各行业年均全要素增长率，如表7-2所示。可以看到在 2005—2009 年，我国大部分现代服务业行业的全要素生产率都大于零，只有住宿和餐饮业，房地产业，租赁和商务服务业以及水利、环境和公共设施管理业的全要素生产率为负。其背后的原因可能是受到 2008 年国际金融危机的影响，尤其是租赁和商务服务业以及住宿和餐饮业对经济周期最为敏感。2010—2016 年，由于我国经济增长速度开始下降，更多行业的全要素生产率均值变为负值，而全要素生产率为正的行业主要分为两种：一种是信息传输、计算机服务和软件业；另一种是公共服务业，如居民服务和其他服务业，教育，文化、体育和娱乐业以及公共管理和社会组织。这表明，在经济下行期，全要素生产率能够保持为正的产业，除了政府支持行业以外，就是与信息技术有关的产业，在一定程度上反映出数字技术对于 TFP 的支持作用。2017—2020 年，交通运输、仓储及邮政业，批发和零售业以及科学研究、技术服务和地质勘查业的 TFP 逐渐由负转正。体现出交通运输、仓储及邮政业以及科学研究、技术服务对于数字经济时代全要素生产率的重要性。

表7-2　2005—2020年分行业全要素生产率的增长率　　（单位:%）

行业	2005—2009年	2010—2012年	2013—2016年	2017—2020年
交通运输、仓储及邮政业	0.21	0.95	-0.88	3.68
信息传输、计算机服务和软件业	0.87	0.98	0.21	1.38
批发和零售业	5.96	-1.82	-13.41	6.30
住宿和餐饮业	-2.61	-6.04	1.35	3.70
金融业	8.57	-2.72	-1.79	-0.96
房地产业	-0.08	-6.75	-4.20	-2.43
租赁和商务服务业	-3.92	-2.09	-4.22	-0.33
科学研究、技术服务和地质勘查业	2.39	-1.80	-1.93	3.01
水利、环境和公共设施管理业	-0.96	-1.86	-0.61	5.15
居民服务和其他服务业	5.42	1.14	0.90	5.42
教育	7.00	4.86	2.97	2.94
卫生、社会保障和社会福利业	2.18	-0.94	-1.49	1.07
文化、体育和娱乐业	4.06	0.80	0.49	3.88
公共管理和社会组织	6.50	4.42	3.42	5.55

注:表中数据为笔者计算所得。

通过分行业 TFP 我们可以加权得到 2005—2020 年现代服务业全要素生产率（Brandtm,2012），权重为各行业实际产出占现代服务业实际产出的比重,如表 7-3 所示。可以看到,从 2005—2007 年,我国现代服务业全要素增长率均大于5%,且增长速度很快。但从 2008 年开始我国现代服务业全要素生产率的增长率开始下降,2013 年出现波谷,达-7.91%,2014 年及 2015 年全要素生产率增长率有所回升,但 2016 年再次降到波谷,达到最低水平-14.27%,从 2017 年开始转为正值,且全要素生产率增长率逐年增加。

表 7-3   2005—2020 年现代服务业全要素增长率   （单位：%）

年份	现代服务业全要素增长率
2005	6.43
2006	5.21
2007	8.03
2008	0.79
2009	-1.30
2010	-0.70
2011	-2.85
2012	-1.81
2013	-7.91
2014	-2.95
2015	-0.93
2016	-14.27
2017	2.40
2018	2.83
2019	2.81
2020	3.56

注：表中数据为笔者计算所得。

最后，通过代入现代服务业资本增长率、潜在劳动力增长率和全要素生产率，我们可以估算出 2006—2020 年现代服务业的潜在增长率，如图 7-1 所示。

由图 7-1 可以看出，2006—2020 年我国现代服务业实际增长率的变化趋势与潜在增长率相近，并且一直低于潜在增长率，验证了前文中的结论：我国现代服务业确实还有较大的发展潜力。

（单位：%）

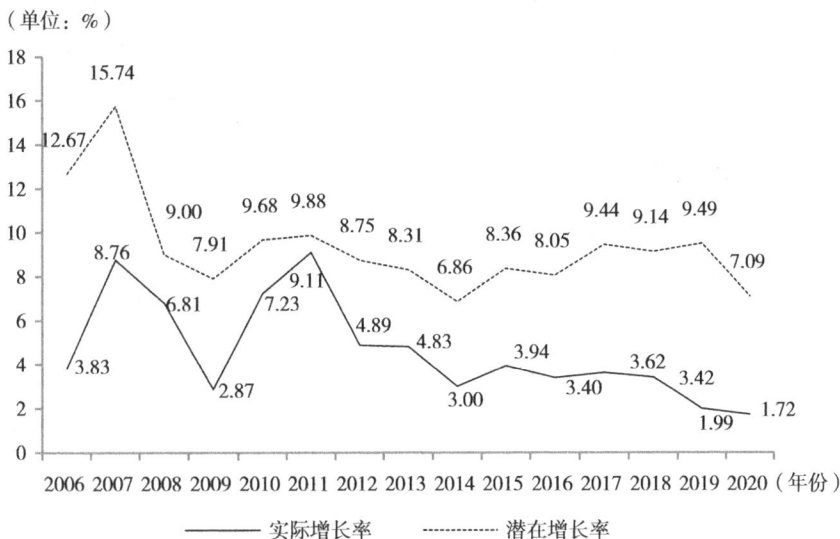

图 7-1 2006—2020 年我国现代服务业潜在增长率

注：图中数据由笔者计算整理所得。

二、数字经济发展水平指数

（一）数字经济的内涵及其测度方法

要构建数字经济发展水平指数首先要明确数字经济及其发展的内涵。本章认为数字经济是指在计算机技术、通信技术和传感技术的基础上开发建立的一种信息技术。数字经济通过计算机网络使不同的设备相互连接，加快信息的传输速度，拓宽信息的获取渠道，促使各种软件应用的开发，最终改变了人们生产生活方式。数字经济发展水平反映了数字经济在经济社会中的发展程度，包括网络基础设施的建设程度、互联网的普及程度以及在经济社会运行中数字经济的应用程度。因此，本章对数字经济发展水平指数的测度重点包括数字经济在我国经济发展中的建设水平、普及水平和应用水平这三个方面。数字经济发展水平指数应该是由多方面、多个指标所构成的指标体系。基于此,本节建立了数字经济发展水平指数的测度指标体系,其包含了三个二级指标:网络设施建设水平、数字经济普及水平和数字经济应用水平,其中用移动电话基站数和光缆线路长度来衡量我国网络设施的建设;用互联网宽带接入用户数和移动电话普及率来衡量我国互联网的普及程度;用网站数量来衡量我国数字经济的应用程度,如表7-4所示。

表7-4 我国数字经济发展水平的测度指标体系

一级指标	二级指标	三级指标	单位	指标属性
数字经济发展水平	网络设施建设水平	移动电话基站数	万个	正
		光缆线路长度	千米	正
	数字经济普及水平	互联网宽带接入用户数	万户	正
		移动电话普及率	部/百人	正
	数字经济应用水平	网站数	万个	正

注:表中数据为笔者整理所得。

通过对三级指标的加权平均,得到数字经济发展水平指数。关于权重的确定方法,借鉴了钞小静、任保平(2011)在测度我国经济高质量发展时采用的主成分分析法。这是因为主成分分析法具有以下两个优点:第一,主成分分析是根据数据本身的特征而不是研究者的主观判断来确定权重结果,可以很好避免指标间的高度相关性和权重确定的主观性。第二,主成分分析能够获得构成数字经济发展水平各个维度的量化结果,所形成的权重结构可以充分反映各维度各三级指标对于形成总指数的贡献大小。

(二)主成分分析

主成分分析(PCA)由霍特林(Hotelling)在1933年提出,是指运用一种降维的思想,在损失很少信息的前提下把多个指标通过正交旋转变换转化为几个综合指标的统计分析方法。通常把转化成的综合指标称为主成分,其中每个主成分都是原始变量的线性组合,且各个主成分之间互相不相关。

设某一研究包含 P 个指标,分别用 x_1,x_2,$\cdots$,x_p 表示,这 P 个指标构成了 P 维的随机向量 X。

对 X 进行线性变换,得到新的综合变量用 Y 表示,如式(7-6)所示:

$$\begin{cases} y_1 = \mu_{11}\,x_1 + \mu_{12}\,x_2 + \cdots + \mu_{1p}\,x_p \\ y_2 = \mu_{21}\,x_1 + \mu_{22}\,x_2 + \cdots + \mu_{2p}\,x_p \\ \qquad\qquad\qquad \cdots \\ y_p = \mu_{p1}\,x_1 + \mu_{p2}\,x_2 + \cdots + \mu_{pp}\,x_p \end{cases} \qquad (7\text{-}6)$$

当综合变量 y_i 的线性变换满足以下条件时,便称 y_i 为原始变量的第 i 主成分:

条件1:$\mu_{i1}^2 + \mu_{i2}^2 + \cdots + \mu_{ip}^2 = 1 (0 < i \leqslant P)$。

条件2:y_i 与 y_j 不相关($i \neq j, 0 < j \leqslant P$)。

条件3:y_1 是所有满足约束的线性组合中方差最大的;y_2 是不与 y_1 相关的线性组合中方差最大的;依次类推,y_p 是不与 $y_1 \cdots y_{p-1}$ 相关的线性组合中方差最大的。

(三)数据说明与权重确定

我们将计算 2005—2020 年的数字经济发展水平指数,三级指标的数据来源于 2006—2021 年《中国统计年鉴》,通过 SPSS 19.0 软件进行主成分分析,选择相关系数矩阵作为主成分分析的输入,运算结果如表7-5所示：

表7-5 主成分分析结果

主成分	特征根	方差贡献率（%）	累积方差贡献率（%）
1	4.636	92.719	92.719
2	0.258	5.163	97.882
3	0.097	1.939	99.821
4	0.007	0.142	99.963
5	0.002	0.037	100.000
KMO	0.819	Bartlett's 球形检验 P 值	0.000

注：表中数据为笔者计算所得。

首先，通过 KMO 检验和 Bartlett's 球形检验可知，三级指标间具有较强的相关性，适合进行主成分分析。其次，第一主成分的方差贡献率已经达到了 92.719%，而后面的第二、第三主成分的方差贡献率只有 1%—6%，这说明第一主成分已经包含了绝大多数原始指标的信息。因此，采用第一主成分来确定权重，将第一主成分的系数除以其相应的特征根的开方，作为三级指标的权重，计算结果如表 7-6 所示。通过计算三级指标权重可知，各指标的权重大小相近，都大约在 0.45。其中，移动电话基站数权重较大，约为 0.4621；网站数量权重较小，约为 0.4411。

表7-6 各三级指标的系数及相应权重

三级指标	第一主成分系数	权重
移动电话基站数	0.990	0.462110550
光缆线路长度	0.984	0.460708087
互联网宽带接入用户数	0.978	0.459301341
移动电话普及率	0.958	0.454580750
网站数量	0.902	0.441094411

注：表中数据为笔者计算所得。

（四）数字经济发展水平指数的计算

在对指数加权平均前，首先要去除掉指标的量纲。在此我们采用"最小—最大标准化"方法对三级指标进行无量纲化处理，标准化公式如式(7-7)所示：

$$X^* = \frac{X - X_{min}}{X_{max} - X_{min}} \tag{7-7}$$

其中，X^* 为无量纲化后数值，X_{max} 为指标最大值，X_{min} 为指标最小值。经过标准化后，将三级指标加权平均，计算结果如表 7-7 所示。总体来看，我国数字经济发展水平指数的增长速度呈递减态势。需要说明的是由于标准化方法影响，基准年（2005 年）的指数为 0，但这并不影响数据的线性性质。在 2007 年、2008 年，指数增长速度最快，这与原始数据的增长速度变化相应；随着美国金融危机的影响，2009 年和 2010 年我国数字经济发展水平几乎持平，这主要是受网站数量指标大幅度下降的影响，金融危机期间我国大量小企业破产倒闭可能是造成网站数量下降的主要原因。2011 年、2012 年我国数字经济发展速度恢复到较高水平，分别达到了 29.78% 和 23.65%。2013—2018 年数字经济发展水平指数的增长速度保持在 10.30%—21% 之间，表明我国数字经济发展速度保持稳定。2020 年，受新冠肺炎疫情影响，数字经济发展受较大冲击，但仍保持 8.18% 的增长速度。

表 7-7　2005—2020 年我国数字经济发展水平指数

年份	数字经济发展水平指数	数字经济发展水平指数增长速度（%）
2005	0.0000	—

年份	数字经济发展水平指数	数字经济发展水平指数增长速度(%)
2006	0.0597	—
2007	0.2068	246.40
2008	0.4137	100.05
2009	0.5510	33.19
2010	0.5225	−5.17
2011	0.6781	29.78
2012	0.8385	23.65
2013	0.9895	18.01
2014	1.1250	13.69
2015	1.3612	21.00
2016	1.5705	15.38
2017	1.8168	15.68
2018	2.0039	10.30
2019	2.0502	2.31
2020	2.2180	8.18

注:表中数据为笔者计算所得。

三、数字经济与现代服务业增长的模型构建

前文从理论上分析了数字经济促进现代服务业规模增长的内在机理,但理论分析只是对两者关系进行了定性的、抽象的描述,得出结论则需要更多经验数据的支撑。本节试图对前文的理论分析进行实证检验。

(一)计量模型设计

本节设计了检验我国数字经济发展水平与现代服务业规模增长的计量模型:

$$\ln Y_t = \beta_0 + \beta net_t + \sum \beta_i x_{it} + \varepsilon_t \tag{7-8}$$

其中，i 和 t 分别表示个体和年份，β 为常数项，ε 为随机误差项。Y 是现代服务业规模增长量，为被解释变量；net 为数字经济发展水平，是本章的核心解释变量；x_i 为控制变量。

(二)变量选取和数据说明

本章选取 2005—2020 年的统计数据对我国数字经济发展水平与现代服务业规模增长之间关系进行实证研究。需要说明的两点：一是选取 2005 年为研究时间起点的原因是我国服务业分类在 2004 年进行了比较大调整，且 2004 年统计数据异常值较多。二是使用时间序列数据是因为各省(自治区、直辖市)没有详细的服务业分行业统计数据，因此难以获得各省(自治区、直辖市)现代服务业数据。

关于被解释变量。本章选取现代服务业实际增加值(ser)作为被解释变量，以代表现代服务业规模的增长。现代服务业实际增加值数据通过式(7-9)计算得到：

$$ser = \frac{ser_{名义}}{P_{ser}} \tag{7-9}$$

其中，现代服务业名义增加值由 2006—2021 年《中国统计年鉴》"分行业增加值"中属于现代服务业的行业增加值加总得到。P_{ser} 为第三产业增加值平减指数，基期为 2005 年，由"第三产业增加值指数"换算得到。

关于核心解释变量。本章选取数字经济发展水平指数(net)作为核心解释变量，以代表我国数字经济发展水平，数据来源于前文计算。

关于控制变量。为了控制其他影响因素，本章选取了一系列控制变量。首先,人均收入的提高被认为是现代服务业需求增长的主要促进因素,需要予以控制,本节用"人均实际GDP"来代表人均收入($pgdp$)。人均实际GDP由"实际GDP/年末总人口数"得到,其中实际GDP由以2005年为基期的GDP平减指数换算得到。其次,城市化被认为是促进现代服务业形成与兴起的重要原因,需要予以控制,本节用"城镇人口数"与"年末总人口数"的比重来代表城市化水平($urba$)。最后,研究认为制造业增长与现代生产性服务业增长具有互相依赖、互相促进的关系,需要予以控制,本节用"制造业实际增加值"来代表制造业增长($indu$)。制造业实际增加值由制造业名义增加值除以工业增加值平减指数得到,其中工业增加值平减指数通过"工业增加值指数"换算得到,以2005年为基期。

本节所需数据主要来源于《中国统计年鉴》。其中现代服务业实际增加值(ser)、人均实际GDP($pgdp$)、制造业实际增加值($indu$)均取自然对数,分别为$\ln ser$、$\ln pgdp$、$\ln indu$,以消除异方差影响,变量的描述性统计如表7-8所示。

表7-8 变量的描述性统计

变量	均值	最小值	最大值	标准差
$\ln ser$	11.6353	11.2423	11.9176	0.2257
net	1.0253	0.0000	2.2180	0.7366
$\ln pgdp$	9.7876	9.5728	9.8823	0.1077
$urba$	0.5364	0.4299	0.6389	0.0677
$\ln indu$	11.5619	11.3860	11.6768	0.0847

注:表中数据为笔者计算所得。

（三）平稳性检验

在对时间序列数据进行回归前需要先检验时间序列是否为平稳序列,否则可能出现"伪回归"。平稳是指时间序列的均值、方差和自协方差在时间过程上均为常数,同时全部两时期的协方差值只与该两时期间的距离或滞后相关,与计算该协方差的实际时间无关。本章选取单位根检验（ADF 检验）对以判断时间序列数据是否平稳。针对时间序列,构造最小二乘回归方程：

$$\Delta x_t = (\rho - 1) x_{t-1} + \sum_{j=1}^{p} \lambda_j X_{t-j} + \varepsilon_t \qquad (7-10)$$

其中, ε_t 为误差项。对式(7-10)使用 OLS 可得 $\rho - 1$ 的估计量以及相应的 ADF 统计量。检验原假设为 $\rho - 1 = 0$,即有单位根存在,序列非平稳;否则序列是平稳的。

本章使用 Eviews7,对 $lnser$ 、net 、$lnpgdp$ 、$urba$ 、$lnindu$ 、进行 ADF 检验,结果如表 7-9 所示。$lnser$ 、net 、$urba$ 、$lnindu$ 和 $lnpgdp$ 在 1%的显著性水平上不存在单位根。

表 7-9　平稳性检验结果

变量	ADF 统计量	临界值			检验结果
		1%	5%	10%	
$lnser$	−5.1183	−2.7550	−1.9710	−1.6037	平稳***
net	−4.5309	−2.7550	−1.9710	−1.6037	平稳***
$lnpgdp$	−4.9476	−2.7719	−1.9740	−1.6029	平稳***
$urba$	−5.1408	−2.7550	−1.9710	−1.6037	平稳***
$lnindu$	−4.7335	−2.7550	−1.9710	−1.6037	平稳***

注:滞后期数选择遵循 AIC 最小原则,*、**、***分别表示在 10%、5%、1%的水平下显著。

四、回归结果分析

（一）OLS 回归估计结果

通过 stata 15 对式（7-8）进行 OLS 回归，结果如表 7-10 所示。模型（1）为无控制变量回归结果，模型（2）、模型（3）、模型（4）是逐步加入控制变量后的回归结果。

首先，模型（1）中可决系数为 0.9230，说明回归方程拟合程度较高，但此时模型解释变量过少，可能存在遗漏变量偏误。模型（2）中加入控制变量 $\ln pgdp$ ，可决系数 R^2 提高，net 的解释力度下降，这说明控制变量 $\ln pgdp$ 是比较合适的。但是随着更多控制变量的加入，多重共线性开始变得严重，表现为方差膨胀因子（VIF）的迅速变大，这导致 OLS 估计量方差变大，估计量对样本的选择变得敏感，系数估计变得不准确。

模型（3）、模型（4）中核心解释变量 net 也开始变得不显著。为了减缓多重共线性的影响，得到更为准确的多元回归结果，我们对模型（4）进行岭回归。

表 7-10　普通最小二乘回归结果

解释变量	模型（1）	模型（2）	模型（3）	模型（4）
net	0.2951 *** (12.64)	0.1759 ** (3.12)	−0.0056 (−0.61)	−0.0159 (−0.81)
$\ln pgdp$	—	0.9794 *** (43.64)	0.6372 *** (9.03)	1.8936 *** (4.46)
$urba$	—	—	2.4518 *** (2.94)	0.9749 (2.49)
$\ln indu$	—	—	—	−0.8271 ***
$\_cons$	11.3327 *** (242.76)	1.8693 ** (2.22)	4.0891 *** (3.74)	2.1254 ** (2.98)

续表

解释变量	模型（1）	模型（2）	模型（3）	模型（4）
Adj-R²	0.9230	0.9945	0.9969	0.9984
VIF	—	3.26	134.09	229.19

注：*、**、***分别表示在10%、5%、1%的水平下显著。

（二）岭回归估计结果

岭回归（Ridge Estimate）最早由霍尔（A.E.Hoerl）在1962年提出，为了解决多重共线性导致OLS回归结果不理想的问题。设 X 为解释变量样本观测值矩阵，当解释变量间线性相关比较大时，$|X'X| \approx 0$，此时计算 $(X'X)^{-1}$ 误差会很大，使OLS估计不准确。为了解决上述问题，我们为 $X'X$ 加上一个正常数矩阵 $kI(k>0)$，这使 $X'X + kI$ 接近奇异的程度会比 $X'X$ 小得多，这时估计量成为 k 的函数：

$$\hat{\beta}(k) = (X'X + kI)^{-1} X'Y \tag{7-11}$$

我们称式（7-11）为 β 的岭回归估计，其中 k 称为岭参数。当 $k=0$ 时，$\hat{\beta}(0)$ 就是普通最小二乘估计量。随着 k 的增大，$E[\hat{\beta}(k)]$ 距离 β 的偏差变大，但是 $\hat{\beta}(k)$ 将趋于稳定，其中，$\hat{\beta}(k)$ 随 k 的改变而变化的轨迹，就称为岭迹。总体来说，岭回归法就是以放弃OLS无偏性为代价，换取了估计量方差的大幅度减小。关于 k 值大小的选择有多种方法，但是最常用的是岭迹法。岭迹法 k 值大小选择一般遵循以下原则：

第一，各回归系数的岭估计基本稳定。

第二，用OLS估计时符号不合理的回归系数在岭回归下符号变得合理。

第三,回归系数没有不合乎经济意义的值。

第四,残差平方和增加不多。

运用 SPSS22 软件,对式(7-8)进行岭回归估计,其岭迹图如图 7-2 所示。

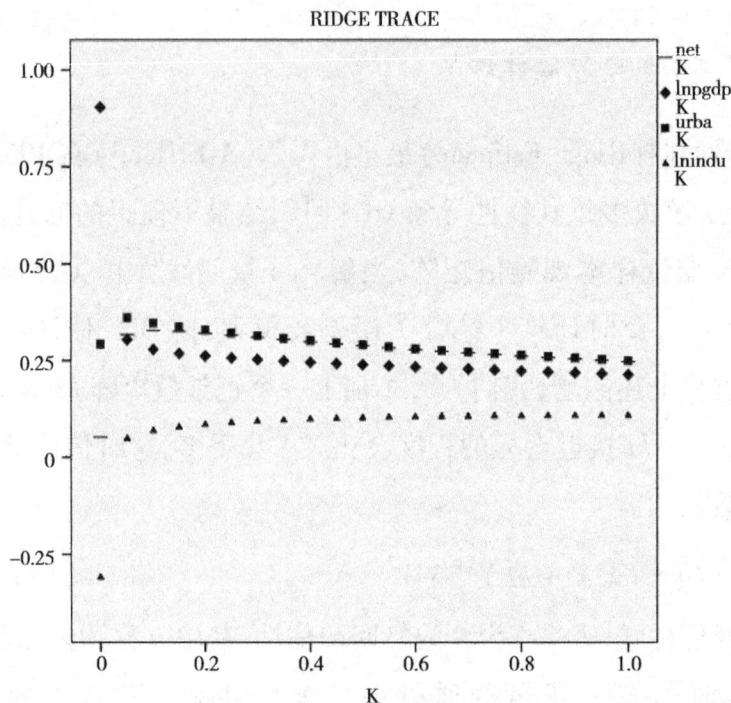

图 7-2　各自变量回归系数变化轨迹

注:图 7-2 为 SPSS 22 软件输出结果。

从图 7-2 中可以看到,各自变量标准化回归系数在 $k = 0$ 时,都是较为分散的,其中核心解释变量 *net* 的标准化回归系数甚至为负。但随着 k 的增加,各自变量标准化回归系数波动变小,逐渐收敛于 0.8 附近。这也表明前文选择的几个自变量都是比较重要的,不需要剔除。当 $k = 0.8$ 时,各自变量基本稳定,各自变量的符号和大小也变得合理,因此根据 k 的选择原则,选择 $k = 0.8$ 进行回归。

当 $k = 0.8$ 时,岭回归结果如表 7-11 所示,F 统计量为 53.2343,明显显著,可决系数 R^2 为 0.9330,与 OLS 回归结果相近,表明样本数据与模型拟合程度较高。并且,各回归系数的 t 检验值均在 1%的显著性水平下通过检验,表明核心解释变量——数字经济发展水平指数和控制变量都对现代服务业规模的增长有明显的正向影响。通过比较回归系数大小,发现数字经济发展水平指数虽为促进现代服务业增长的因素,但其解释力度明显弱于控制变量。回归系数表明在控制变量不变情况下,数字经济发展水平指数每增加 1 个单位,现代服务业约增长 8.02%,这低于控制变量的影响。控制变量中城市化率对现代服务业增长影响最大,城市化率每提高 1%,现代服务业约增长 0.88%;其次为人均收入,人均 GDP 每增长 1%,现代服务业约增长 0.47%;最后为制造业增加值,其每增长 1%,现代服务业约增长 0.28%。

2005—2020 年,数字经济发展水平指数增长了 2.2180,根据模型估计,这促进服务业规模增长了 17.79%。虽然 2005—2020 年数字经济发展水平年均影响较低,但是近年来我国数字经济发展不断加速(数字经济发展水平指数从 1 增长到 2 比从 0 增长到 1 少用了 3 年),这表明未来我国数字经济发展水平势必会成为更加重要的影响因素。

表 7-11 岭回归结果

解释变量	模型(4)(非标准化回归系数)	模型(4)(标准化回归系数)
net	0.0802 *** (7.23)	0.2619 *** (7.23)

续表

解释变量	模型(4)(非标准化回归系数)	模型(4)(标准化回归系数)
ln$pgdp$	0.4675 *** (20.51)	0.2231 *** (20.51)
$urba$	0.8792 *** (31.19)	0.2638 *** (31.19)
ln$indu$	0.2845 *** (24.85)	0.1068 *** (24.85)
_$cons$	3.2161 *** (15.28)	0.0000 *** (15.28)
F	53.2343 ***	53.2343 ***
Adj-R^2	0.9330	0.9330

注: * 、** 、*** 分别表示在 10%、5%、1%的水平下显著。

第三节　数字经济提升现代服务业发展潜力的机制与政策路径

一、数字经济提升现代服务业发展潜力的机制

首先,本章根据国内外已有文献,明确了现代服务业内涵、统计标准及影响因素,归纳了现代服务业发展潜力的内涵和测度方法,整理了数字经济对现代服务业影响的相关研究。其次,本章明确了数字经济的内涵,归纳分析了数字经济影响我国现代服务业发展潜力的理论机制。再次,本章先通过 CD 生产函数法估算了2005—2020 年我国现代服务业的潜在产出,以代表现代服务业的发展潜力,再通过自回归模型(AR)和国际比较外推法预测了我国现代服务业未来的潜在产出水平,定量明确了我国现代服务业现在和未来具有的发展潜力大小。最后,在理论分析的基础上,本

章先构建了数字经济测度指标体系,运用主成分分析法确定了权重结构并计算了数字经济发展指数。再通过计量模型实证检验了数字经济对我国现代服务业发展潜力的关系,其中还应用了岭回归(Ridge Regression)减缓了多重共线性问题提高了估计的准确性,并通过中介效应检验实证分析了数字经济对我国现代服务业的影响机制。

首先,潜在产出的估算显示,2005—2020 年,我国现代服务业的潜在产出从 76289.72 亿元增长到 291077.75 亿元,共增长了281.54%,年均增长 9.34%。其中,2005—2011 年我国现代服务业潜在产出增长速度呈现"U"形变化,最低点为 2009 年,增长速度为 7.91%,表明由于 2008 年国际金融危机的影响,我国现代服务业的潜在生产能力的提高受到了抑制。2012—2014 年,我国现代服务业潜在产出增长速度开始逐渐下降,与之相应的,实际产出的增长速度也开始下降。这表明,这几年里我国现代服务业潜在增长率的下降是导致其实际增长率下降的主要原因。我国现代服务业的潜在产出主要由生产能力决定,其下降的原因可能是受我国经济增长速度放缓的影响。而 2020 年我国现代服务业潜在增长率快速下滑,主要是受新冠肺炎疫情的影响,我国各行各业经济增长速度均出现了明显下滑,尤其是现代服务业的实际增长率出现了明显的下降。这表明,我国现代服务业的潜在经济增长率是促进现代服务业实际产出的关键。

其次,生产函数法估算显示,2005—2020 年我国现代服务业全要素生产率增长率的平均值为 1.58%。其中 2005—2007 年,我国现代服务业全要素生产率增长率总体上升。从 2008 年开始,我国现代服务业的全要素生产率增长率出现波动。2011—2020 年我国现代服务业全要素生产率增长率基本上呈"U"形变化,在2013年达到了最低值为-7.91%。结果表明代表全要素生产率的制度和技术等因素是导致2011—2017年我国现代服务业潜在产出增速下降的主要原因。

再次,我国数字经济发展指数计算结果显示,2005—2020年我国数字经济整体上取得了长足的发展,但发展速度呈现波动下降的趋势。说明数字经济发展由初级的网络建设,到中级的数字服务普及和高级的数字服务应用的不断升级过程,其中,2005—2008年我国数字经济呈加速发展趋势;2009年到2010年我国数字经济发展水平几乎保持不变,其背后的原因可能是金融危机期间我国大量小企业破产倒闭,阻碍了数字经济的普及和应用。2011年和2012年我国数字经济发展速度恢复到较高水平。2013—2018年我国数字经济发展速度稳定。2020年受新冠肺炎疫情的影响,数字经济发展受到较大冲击,但仍保持8.18%的增长速度,在2006年到2020年15年我国数字经济发展水平指数年均增长速度为27.25%。

最后,数字经济发展指数与现代服务业潜在产出的回归结果显示,数字经济发展提升了现代服务业潜在增长率。城市化率人均收入和制造业增加值对现代服务业潜在产出有促进作用,其影响程度依次为城市化率,人均收入和制造业增加值。

二、数字经济提升现代服务业的政策路径

基于前文对我国现代服务业发展潜力的估算,以及数字经济对我国现代服务业发展潜力影响机制的理论分析和实证检验,本节总结了五点实践启示,以试图解答如何利用数字经济来更好地

开发我国现代服务业的发展潜力,并为决策者的政策制定提供参考。

(一)推进网络设施建设,促进数字经济发展

数字经济对现代服务业发展潜力影响的实证结果表明,数字经济发展对现代服务业潜在产出的提高具有显著的促进作用。而网络基础设施建设是数字经济发展的前提和基础,因此大力推进我国网络基础设施建设是促进我国现代服务业潜力开发的关键。一要加强贫困地区的网络基础设施建设。帮助当地建立基本的网络平台,实现当地与外界的信息互联和交换,促进当地生产要素流动和产品对外销售,帮助当地经济发展。二要注重中心城市的网络基础设施建设。中心城市的网络设施对于区域网络的信息流动、信息存储、数据分析等有着重要的支撑作用,要提高我国中心城市的网络承载力和数据处理能力,在中心城市建设新型大数据中心,并加快传统通信机房向数据中心的改造。三要注重移动网络基础设施建设。移动网络是支撑我国现代服务业创新的重要平台,因此要注重移动网络设施建设,特别是5G设施的建设。要促进5G与自动驾驶、大数据、人工智能等技术结合,要调动民间资本参与5G投资建设的积极性,提高基础设施建设效率。

(二)深化数字经济应用,降低企业生产成本

数字经济对现代服务业发展潜力影响的机制检验表明,数字技术的应用能有效降低企业生产成本,从而促进现代服务业发展潜力的提高。因此,要采取相应的政策来深化数字技术在现代服务业中的应用,以助推现代服务业的潜力开发。在财政政策上,政

府可以制定财税优惠政策,给予企业相应的税收减免或财政补贴,帮助企业与互联网融合、改造和升级,降低企业的升级改造成本。在货币政策上,政府可以实施融资优惠政策,为应用数字技术的企业提供专项资金支持,降低企业的融资成本。在人才政策上,政府可以帮助企业吸纳和培养数字化人才。首先,政府可以给予数字化人才相应的就业补贴或者落户优惠,吸引数字化人才到企业就业,降低企业吸纳人才的成本。其次,政府可以为企业的培训活动提供补助,帮助企业提高员工的素质能力,促进企业人力资本的积累。在开放政策上,政府应注重引进高附加值的互联网科技企业,特别是企业的研发中心,给予外资企业国民待遇,注重在知识产权方面的保护。

(三)大力发展平台经济,提高服务交易效率

从实证检验数字经济影响现代服务业发展潜力的理论机制可知,网络平台不仅能减少服务交易中的信息不对称,还能使产业结构扁平化,进而降低交易成本和提高产品质量,刺激服务需求增加,促进现代服务业发展潜力开发。因此要大力发展平台经济,推广平台模式在现代服务业中的应用。首先,政府要以审慎包容的态度来处理网络平台发展过程中产生的问题。平台经济近几年刚刚兴起,在运行和发展过程中会产生一些在传统业态中没有的新问题,政府一方面要科学合理地界定平台主体责任,依法惩处平台欺诈、假冒伪劣、泄露用户信息等行为;另一方面要包容没有明令禁止的网络平台经营行为,设立专项扶持基金帮助平台建设,使平台经济的发展始终保持既活跃又有序的状态。其次,要鼓励大型网络平台向中小企业开放共享资源,支撑中小企业进行管理和经

营模式的创新,进一步提升网络平台的效能。最后,要促进网络平台与实体店铺的融合,促进"线上购买,线下消费"的经营模式发展,推广体验式和场景式消费,刺激消费需求的增加。

(四)鼓励企业跨界发展,促进行业升级改造

数字经济影响现代服务业发展潜力的机制检验显示,鼓励互联网企业跨界发展,参与市场竞争,有助于推动现代服务业的升级改造,提高现代服务业的生产效率,从而促进现代服务业的潜力开发。因此,要减少不必要的行政垄断和政府干预,鼓励互联网企业的发展,提高市场竞争程度。首先,要减少现代服务业中行政垄断的程度,鼓励互联网企业进入,加强市场竞争,促进生产要素流动,促进数字经济对低效率环节的改造升级,提升整个行业的生产效率和服务质量。其次,要降低现代服务业的政府干预程度。继续促进政府机构改革,提高政府办事效率,取消多余的行政审批和市场监管,降低互联网企业因不当政府干预而产生的制度性交易成本。

(五)促进商业模式创新,满足消费需求变化

通过数字经济对现代服务业发展潜力的影响机制我们可知,数字经济的应用导致了许多新商业模式的产生,例如移动支付、体验式消费等,这些新的商业模式提供的服务产品满足了消费者服务需求的变化,从而促进了企业生产效率和行业发展潜力的提高。因此,要促进现代服务业企业进行商业模式创新,改变服务供给模式,探究市场需求动向。首先,要鼓励企业勇于创新,降低企业试错成本。政府可以设立专项资金,对进行商业模式创新的企业提

供补助,或者在创新初期减免税收,以降低企业在创新初期的成本,提高企业创新意愿。其次,要建立负面清单管理模式。政府要建立起现代服务业在服务产品、商业模式等方面的负面清单,明确创新的边界,为企业的商业模式创新提供更大的发挥空间。最后,要支持企业进入医疗健康、教育培训、养老护理等公共服务领域,创新公共服务供给模式,实现公共服务多元化供给,促进供给质量提升,使人民群众日益增加的公共服务需求得到满足。

第八章　基于大数据的经济高质量
发展评价与短期预测

　　我国自 1978 年实行改革开放以来,国民收入一直处于高增长的态势,备受世界瞩目。但在经济增长过程中出现经济质量发展不及预期的问题、数量与质量增长不匹配的特征。经济发展质量问题已经成为政府与学术界的热点问题,党的十九大报告中强调了"质量第一"与"质量强国"的战略意义,体现了经济高质量发展的迫切需求。在科学性与普适性的基础上,通过对经济高质量发展的评价与预测能够把控增长质量并为政策制定提供理论依据,从而优化资源配置,引导经济运行方向,规避低质量发展的陷阱,保证我国经济持续高效发展。因此,精准评价并预测经济高质量发展是现阶段我国经济发展的重点任务之一。

　　目前,国内学者在我国宏观经济高质量发展评价和预测方面已经进行了详尽的研究,但仍存在一些不足之处。过去对经济高质量发展评价与预测的数据普遍来源于统计年鉴、政府报告,但仅使用政府部门的统计数据会使在测度和预测上出现偏差。首先,统计年鉴的编纂是一件耗时且复杂的任务,年鉴中公布的数据存在滞后性,因此仅利用年鉴中的数据会导致经济高质量发展评价结果时效性不足;其次,年鉴或政府报告中的统计指标有限,极易因为数据的可得性导致评价指标体系不够全面,从而不能准确表达实际情况。这会极大地影响评价体系的准确度以及预测模型精度。当测度误差主要源自获取数据的不全面时,仅通过改进测算方法和预测模型难以从根本上解决问题,更有效的做法是扩大数据来源面,从时效性和完整性两个方面入手,减少测度误差。

搜索引擎具有的强大功能,是互联网时代搜索数据的有效工具。截至 2021 年 12 月,我国网民规模为 10.32 亿,搜索引擎用户规模达 8.29 亿。① 用互联网搜索引擎工具获取信息已经成为用户主要的信息获取方式,用户使用搜索引擎工具的同时,搜索引擎也能收集用户的信息与数据。所汇集的数据库不但汇总了人们的搜索记录,更能直接地显示人们的关注热点及其变化趋势,有助于预测公众未来的行为和宏观经济走势。使用互联网数据信息具有更新快的特点,使用搜索引擎评价经济高质量发展的态势,其时效性将大大增强;与此同时,互联网数据涉及领域更加全面,优于仅使用官方统计数据,有效拓展了经济高质量发展评价指标体系,提升了评价的精准度。综上所述,本章将互联网数据与统计数据结合起来,拓宽了数据的选择范围、丰富了指标体系,通过对数字经济背景下的经济高质量发展进行评价,为新时代的高质量发展测度作出贡献。

---

① 数据来源:中国互联网络信息中心(CNNIC)发布的第 49 次《中国互联网络发展状况统计报告》。

第一节　经济高质量发展的研究动态

一、经济高质量发展内涵的研究动态

卡马耶夫(В.Д.Камаев,1983)在《经济增长的速度和质量》一书中首次对经济发展质量进行论述,认为生产率是经济增长质量的关键内容,经济的规模和效率应同步提升。之后,许多经济学家对经济高质量发展的内涵进行了丰富。维诺德·托马斯(Vinod Thomas,2001)认为经济发展的质量是发展过程中不容忽视的重要维度,要从不同维度对经济发展进行综合评价分析;罗伯特·巴罗(Robert J.Barro,2004)认为在分析经济发展质量时不应仅局限于经济视角,还应纳入与经济相关的更多范畴。当前学术界对经济发展的界定方法有多种看法,对于高质量发展内涵的界定也有差异。狭义的增长质量没有脱离经济范畴,仅借助于经济指标对经济发展质量内涵进行定义,主要是对经济效率进行评价,简单地将增长质量定义为投入要素与产出要素之间的比值。事实上,仅考虑经济增长速度和数量不能充分概括发展的内涵。经济发展所带来的一系列问题也需要加入发展指标体系。还有研究认为在社会再生产过程中,对生产要素的利用率可以用来评价经济高质量发展。洪银兴(2010)从生产要素投入产出比例的角度出发,首先对经济高质量发展的定义进行了解读,他认为生产要素使用效率更高的生产方式经济发展质量更高;何强等(2014)从生产率出发对经济增长效率进行考量,认为经济增长效率的讨论需要在一定约束下进行;肖欢明(2014)在经济效率测度中加入对生态

维度的考量,用加入了生态指标的经济效率来衡量增长质量。

一部分学者从广义的经济增长角度对经济增长进行研究,认为在考虑经济指标的同时,要包含与增长过程相关的要素,其中包括国民生活水平与福利,例如收入、教育、健康和生活水平、社会公平、生态环境,等等,将这些要素的提升也纳入发展的范畴。赵英才等(2006)对广义的增长内涵进行探究,认为广义的增长不仅仅只是数量与质量的协调统一,他将增长的定义分为三个层次进行归纳:一是投入产出效率;二是产品服务质量;三是生态与国民生活水平,经济高质量发展必须是在这三方面基础之上的发展,其测度才能真实反映经济发展的水平;李俊霖(2007)认为经济增长是存在优劣之分的,可从七个方向对增长质量进行评判;严红梅(2008)以生态环境保护与社会和谐发展对增长的内涵进行了创新;钞小静(2009)认为经济增长与经济发展的含义不能等同,认为质量不仅要表示经济发展的优劣,也要能反映其核心内涵与经济特征,其视角不仅包含经济发展的结果还包含经济发展的过程,关注结构与稳定性的重要作用,结果则以福利、收入、生态环境等多维角度进行判定;任保平(2012)在分析我国经济高质量发展程度时,认为经济增长过程可以区分成数量变化和质量变动,高质量发展既是数量增长也是质量提升,只有当数量和质量发展的各个方面均得到提升时,才可以认为经济增长的质量得到了提高。

二、经济高质量发展评价的研究动态

本节梳理了学术界对经济高质量发展评价指标体系的构建方法与测算方法,并对方法进行评价。

（一）经济高质量发展评价指标的研究动态

当前对经济发展评价指标的研究还不够完善,对经济发展指标体系的研究也没有统一的标准。马建新(2007)从产业结构、政府收入、生产率、国民收入等指标构建评价体系,通过因子分析法得到经济发展指数,认为在研究时间段经济增长质量与增长数量不匹配,呈现出数量大于质量增速的特征;金浩和李延军(2007)将经济发展质量定义为经济发展中的过程、路径和方法的优劣,同时将经济高质量发展测算的维度分成结构、效率和高质量三个方面,依据高质量发展的内涵从三个方面对河北省经济发展进行了剖析并提供了政策指导;钞小静等(2011)重新对经济高质量发展内涵进行了界定,从四个维度出发探寻经济高质量发展的内涵,分别从与经济增长相关的各个方向进行界定,并以此为基础建立了经济高质量发展的三级指标体系,研究同时梳理了评价效率的各个测算方法,得出了主成分分析法更优的结论,以此构建适合中国的经济高质量发展指数并进行了进一步测算;魏婕(2012)在钞小静研究的基础上增加了效率与基础设施两个维度,并确立了6个维度、37项基础指标的经济高质量发展测评体系,采用主成分分析法得到了发展指数;向书坚等(2012)从经济发展转型角度出发,建立了包含四个方面的评价体系,并通过差异赋权法得到经济增长发展指数;宋斌(2013)指出,经济增长过程中包容性在提升,吸纳了成果创造与成果共享进入测算体系,采用主成分分析法对31个省(自治区、直辖市)的高质量发展水平进行评价,认为全国经济增长质量呈现出整体增长的态势,但地区差异性显著;姚敏(2016)重新定义了经济增长质量的概念,并基于新定义的经济增长质量构建评价体系进行分析,得到中国各地区经济增长质量呈现差异性的结论。

(二)经济高质量发展评价方法的研究动态

较早的研究通常采用统计数据,以相对指数法、层次分析法、因子分析法及主成分分析法作为评价的主要方法。任保平(2011)选取了主成分分析法,对 1978—2007 年中国主要地区和重点城市的经济高质量发展进行了评价。实证研究表明经济高质量发展呈现出明显的城市异质性;赵英才(2006)选取了相对指数法来评价增长质量,建立了包含 5 个维度、17 个指标的经济高质量发展体系,计算中国经济高质量发展的综合指数,从而对中国的经济高质量发展进行分析评价。刘海英等(2006)选取了因子分析法,对改革开放 26 年的经济高质量发展进行了综合评价。通过对高质量发展指数进行分析,得到了我国经济的质量发展呈现稳步提升的趋势,但仍表现出不及数量提高的现状;王君磊(2007)选取了 21 个指标,借助层次分析法来分析经济高质量发展的变化。

过去的评价体系往往受到数据可用性的限制,不能精准地实现对经济高质量发展水平的测度,且所得结果具有滞后性,评价结果的迟滞与指导政策的迫切需求之间的矛盾突出。目前互联网大数据发展迅速,特别是谷歌趋势(Google Trends)和百度指数等(Baidu Index)互联网搜索指数逐渐被重视,拓展了评价经济高质量发展的方法路径。互联网数据的分析方式与经典的统计数据相类似,不同的是利用互联网数据进行评价时并不以确定基础指标为前提,其做法是通过对关键词在互联网上被检索的频率进行统计,然后借助词频进行分析评价。目前学术界已经有通过互联网数据进行评测的先例。

崔和瓦里安(Choi 和 Varian,2012)以 Google Trends 中汽车和失业率作为关键词,采用相关系数法探究指标之间的相关性,进一步通过相关性确定指标权重。任乐等(2014)也采用相关系数法用来把旅游地点指标合成一个指数指标,从而分析游客行为背后的影响机制;国外学者苏霍伊(Suhoy,2009)、斯基达斯·尼克斯(Askitas Nikos)和齐默尔曼·克劳斯(Zimmermann Klaus,2009)以及弗朗西斯克·彼特拉克(Francesco Petrarca,2009)等学者都认为互联网数据在更新速度上远远快于统计数据,且预测结果更为精准;董倩(2017)关注招聘有关网站的访问量和用户活动来研究和分析失业状况。研究认为失业率的变化和趋势可以从网站的活跃度预测,研究结论表明使用网站访问量来衡量失业率更为精准,分析结果被证实具有时效性和客观性。

孙毅等(2014)将获得的网络搜索关键词降维,规避了由相关性导致的误差,通过构建指标体系,采用主成分分析法测度了零售额指标;孟雪井(2016)则采用了网络关键字挖掘方法,揭示了互联网数据与投资者情绪之间的直接关系并构建了指标体系;彭赓(2013)对模型作出了改进,他运用逐步回归法确定指标,并分别构建了多个模型去拟合失业率的变化趋势,研究结果表明该方法能较好反映真实失业率,并同时指出了研究层级越多,测算结果更加精确的结论。

另外,也有人研究过统计数据和互联网数据的优劣。刘涛雄、徐晓飞(2015)认为,统计数据是准确度较高的指标,但涵盖面不广,更新速度慢。而互联网数据的优势在于每天都能获得数据,但数据噪声较大,只用互联网数据测评会出现偏误。文中讨论了两类数据的优缺点,并给出了各类数据的处理方式。统计数据和网络数据在衡量质量时各有优缺点。例如,学者们经常会使用人均预期寿命这个指标来衡量健康,但健康的含义不仅仅是一个人要"活得久",更是在身体、精神和社会各方面都能具有良好的状态。仅仅借助预期寿命来体现健康水平显然不够合理,而学者们的做法主要还是基于数据可获得性的考量。因此,利用互联网挖掘工具选取相关指标更符合对人健康状态的描述。诸如此类,互联网数据往往覆盖面更广,方便选择更为贴切的指标,但美中不足的是,互联网数据不具备政府统计数据的严谨性,数据噪声与误差较大。

综上所述,本章将尝试把统计数据与互联网数据相结合,以此获取更高的测评精度与更广的测度维度对经济高质量发展进行评价。

三、经济高质量发展预测方法的研究动态

对经济高质量发展的预测和对经济增长数量的预测存在相似之处,但不同的是,经济高质量发展涵盖的范围更广,是一个内涵更为丰富的概念。对于预测方法而言,经济高质量发展的预测方法与经济增长数量预测并无区别。

1. 时间序列预测模型法

利用时序预测模型对我国经济增长趋势进行预测已经有较为丰富的研究。王慧敏(1998)利用自回归条件异方差模型(Autoregressive Conditional Heteroskedasticity Model, ARCH 模型)预测了经济发展形势;黄继鸿等(2003)对时间序列模型预测经济

增长趋势的文章进行了综述,并总结了我国经济发展方式。陈飞、高铁梅(2005)采用整合移动平均自回归模型(Autoregressive Integrated Moving Average Model,ARIMA 模型)并设置模型滞后阶数与差分数,较为精确地预测了我国高质量发展指数;何跃、侯婧(2016)则采用了自回归滑动平均模型(Autoregressive Moving Average Model,ARMA 模型)进行预测,并使用 K-Means 聚类算法,将 GDP 数据聚类为三个类别,分别进行置信区间检验,其结果具有比较高的精确度,与实际相符合。

2. 扩展的预测模型

近些年,预测方法的演进具有综合多个学科方法的趋势,这是对传统研究方式的一种新突破。金泰润(Tae Yoon Kim)等(2003)指出,与危机测度相关的经济数据获取难度大,采用人工神经网络对少量现有数据进行挖掘和分类是非常有效的;邓聚龙(1987)构建了一种灰色预测模型,该模型可以借助较小的时间区间来预测未来。贺京同(2000)以"模糊智能"作为核心算法,加入了神经网络模型,并在此基础上,构造一个非线性预测系统,有效地将专家经验与客观数据结合起来;冯润民等(2009)构建了自组织竞争神经网络构建指标体系,该模型的优势在于,由该模型选择的预测指标比主观选择方法更加客观、可信;何丹(2017)使用神经网络模型,对中国 CPI 进行了分析与预测,实证结果显示由优化后的模型进行预测的结果精确度更高。

3. 基于互联网数据的研究

互联网能够反映事实经济形势,学术界开始使用这一数据进入到经济形势的预测中。托拜厄斯·阿恩特(Tobias Arndt)和普雷斯(2012)使用大数据预测股票价格变动,在 Google Trends 中锁定关键词进行数据挖掘,依据研究结果制定了政策建议;诺伊利亚·巴雷拉(Noelia Barreira,2013)认为关键词搜索量可以增加预测模型的精确度。刘颖等(2011)构建了一个股票交易的理论研究体系,采用了时差相关分析方法对关键词筛选分组,最终得到了三类指数,研究结果与上证指数相关性显著,且合成指数也与收益率正相关,由此可以证明互联网数据在预测中的准确性;张崇等(2012)构建了消费者物价指数(CPI)与互联网关系的理论框架,在指标的选取上采用皮尔逊相关法,其研究也得到了与事实较为符合的结论;杨树新等(2013)也采用皮尔逊相关法,通过潜在购房者的事先查询适用房的行为,对实际购房量进行预测;董倩(2014)则得到了互联网搜索量与房价相关的研究结论。综上所述,互联网数据在经济预测中具有较高的准确性,本章采用统计数据与互联网数据相结合的方法对经济高质量发展指数进行测度。由于统计数据与互联网数据具有不同的更新周期,本章在数据处理时需选择混频数据模型来处理数据频率不一致的问题。

第二节　经济高质量发展评价预测的理论与方法

一、经济高质量发展评价的理论分析

本章将数量增长与经济高质量发展的概念区分开来。从获取途径分析,数量来自客观统计数据而质量来自对数据的主观价值判断。对于数量的衡量是研究增长的源泉,质量评价是对增长的前景、结果和可持续性的判断,是综合性与系统性的考量,以期尽

快发现增长的短板,从而进行宏观调控并把握经济运行趋势。由于质量导向型经济增长的影响因素复杂,数量和非数量因素相互影响,学术界仍未有统一的研究标准。目前,学术界对评价维度的研究没有统一的范式。对研究方法进行梳理,可分为狭义评价法与广义评价法。狭义的经济发展是指对生产效率的测度,目的是更高的资源配置效率与全要素生产率;广义的经济发展内涵中加入了更多与经济增长相关的要素。广义的评价是对经济增长定义的延伸,测度结果更具有科学性和广泛性。

经济高质量发展涉及价值判断,是社会、经济、人民生活等多维度的提升。指标体系必须具有系统性与整体性,才能全面反映经济高质量发展的变化趋势。评价经济高质量发展,以单一指标的波动不能达到测度经济高质量发展目的。第一,高质量的经济发展应该是集约的,而不是粗放的;第二,增长过程中应该是平稳的,具有持续性的;第三,必须关注经济增长潜力,关注经济发展的新动力。因此,本章在对经济高质量发展研究的基础之上,从五大方面构建指标体系:经济增长效率、经济结构形态、经济稳定程度、生活质量和环境质量。当五个维度普遍提高,经济发展才是高质量的。相应地,当这五个维度的指标发生下降,可能警示着经济增长存在问题。

1. 经济增长效率

经济增长效率维度评价的是全要素生产率与资源配置效率两项。已有研究说明,生产效率是评判经济活动的主要判定方法,如果要素生产率提高到某一程度,则代表经济发展方式将会发生转型升级,更高的要素生产率使经济发展方式由粗放向集约转变,较高的要素生产率是经济发展的基础,因此评价中必须加入要素生产率指标。全要素生产率由体制改革、技术变迁、管理水平等因素决定,而科学技术的进步显然会促进这些因素不断优化、提升。通过科技创新,新技术带来更高的要素生产率,更高的生产率代表更多的经济产出,经济产出是经济增长最为关键的部分。在生产的过程中需要消耗资源,但过度依赖资源,资源会对经济增长产生抑制性作用。当资源过度消耗,势必会阻碍经济活动,这样的经济发展是不可持续的。加之部分资源具有可耗竭性,即使有些可恢复,成本也难以承受,以至于依赖高资源投入的经济发展方式往往并不可行。

2. 经济结构形态

经济结构维度的评价包括产业、金融、投资、国际收支和城乡二元结构五大方面。经济结构合理化、高级化是实现经济高质量发展的前提条件,也是经济高质量发展不可或缺的要素,目前我国已将经济转型作为宏观政策的重点之一。产业结构的协调程度是影响经济增长效益的重要变量。目前,我国不同产业的生产效率存在较为明显的差异,第二、第三产业的生产效率较高。因此,当加大对第二、第三产业的要素投入时,能够有效提高生产效率,从而推动经济增长。由此,产业结构合理化、高级化是经济高质量发展的衡量要素之一,同时产业结构升级转型效率也是经济高质量发展的重要标准之一。此外,我国表现出显著的城乡二元经济结构现象,虽然在乡村振兴战略的助力下,我国乡村经济得到了长足的发展,但城乡差距依然明显。城乡二元经济结构的优化同样能够助力我国经济高质量发展。所以,本章立足于我国国情,在考察经济结构时,不仅考虑了产业结构的协调程度会影响经济高质量发展,同时也考虑了我国城乡二元经济结构的合理程度也会影响我国经济高质量发展。

3. 经济稳定程度

对经济稳定的考量从三个方面进行评价,包括价格波动、就业波动和产出波动。经济的稳定程度是经济高质量发展的先决条件之一,不具备稳定性的经济体无法保证经济能够健康且持续地增长。经济的不稳定波动对经济高质量发展的影响主要体现在两个方面。首先,经济波动在各经济部门中传导,会导致无法避免的效率损失,甚至可能影响到经济的可持续发展。其次,经济发展的不稳定会带来高失业率与高通胀率,使经济增长陷入停滞的陷阱。经济的稳定增长促进资源有效配置,降低经济波动幅度,提高资源配置效率,避免不确定性带来的经济损失,规避国家经济风险。

4. 生活质量

生活质量主要从成果与福利变化进行评价。目前学者们普遍认为经济增长的主要目的是提升国民生活质量。不能提高人民生活水平的经济发展只是空谈,只有当国民的生活条件不断改善、不断提升时,经济发展才真正落到了实处。而且,不仅国民福利和总体收入水平需要提升,结果分配的合理性也十分重要。如果经济发展的成果只能惠及少数人,那么这种发展是不可取的,是不可持续的。只有经济发展成果能够被社会绝大多数人所享受到时,经济发展才是可持续且健康的。首先,居民人均财富是衡量福利水平的主要指标,收入的增加会提升居民消费能力,有助于解决国内需求侧动力不足问题,降低对国外市场的依赖程度;其次,福利和成果的公平分配有利于维护社会公正,公平、平等的分配制度也有助于激发经济主体的生产活力,同时为经济主体生产提供良好的外部环境;最后,科学的社会福利分配制度有利于提升低收入人群的社会保障,有利于提高社会人力资本水平,以此促进生产效率进一步提高。

5. 环境质量

环境质量的评价主要是环境保护和污染测度两个方面,考察的重点是经济发展的可持续性。环境质量不仅影响居民生活质量,还通过影响劳动者的健康来影响生产效率。生态环境污染对经济增长具有负反馈机制,高污染高排放的发展方式会对经济发展起到抑制作用,这已经在很多国家得到了验证。而且,先污染后治理的发展方式会带来巨大的环境恢复成本,甚至远远超过经济收益,这与发展的目的背道而驰。同时,环境质量也会通过影响劳动者的健康水平影响其产出效率,从而导致生产效率降低。所以保护生态环境,减少环境污染和生态成本,可以有效降低负向产出,促进经济高质量发展。综上所述,增长质量提升的内涵理应包含生态文明建设,经济高质量发展的测度不能忽略对环境保护与污染方面的考量。

二、经济高质量发展的评价方法

本章采用多指标合成方法合成综合指数,对经济高质量发展进行评价。多指标合成方法的核心问题是如何科学地确定各项指标权重。常见确定权重的方法主要分为主观赋权法和客观赋权法两类,主观赋权法有德尔菲法、层次分析法等,客观赋权法包括熵值法、因子分析法、主成分分析法等。

德尔菲法是指由领域内的权威专家对各指标的重要程度进行打分,依据专家们对指标重要程度的认知判断来确定权重。层次分析法是通过分层确定权重,而权重大部分由学者们的主观判断得到。所以采用主观赋权法分析经济发展质量时,各学者会给出不同的权重表,主观性较强,孰优孰劣没有统一的认识。

熵值法是一种目标分配法,它采用信息熵,原理为依据各个指标的差异给予不同权重。熵值法是一种客观赋权方法,其优点在于解决了主观赋权法导致的片面性和不一致性,但是该方法的准确度不高。同时,因子分析法虽属于客观赋权法,但其精确度不高,并不适用于本章对高质量经济发展的评价。相较因子分析法,主成分分析法是以降维作为核心思想,将原指标降维为单一指标的测度方法,而且还可以最大化地保留数据信息,采用主成分分析法可以得到各维度的高质量发展指数,所得权重是对经济高质量发展各方面的真实反映。

综上所述,本章在收集、整理统计数据和互联网数据的基础上采用主成分分析法评价经济高质量发展,具体的评价流程和方法如图8-1所示。

对统计数据的处理方式是,构建综合评价指标体系并合成综合指数。而对互联网数据处理方式则是通过构建关键词库的方法来实现。对两类数据的评价方式,首先分别利用两类数据进行计算,然后对得到的指数进行赋权并进行指数合并。进一步,采用主成分分析法测度经济高质量发展各方面的指数,再进一步采用相同的方式合成单一指标。

三、经济高质量发展的预测方法

本章将对多维度的数据信息展开预测,采用互联网与统计数据相结合的方法。统计数据更新频率为年,互联网数据更新频率

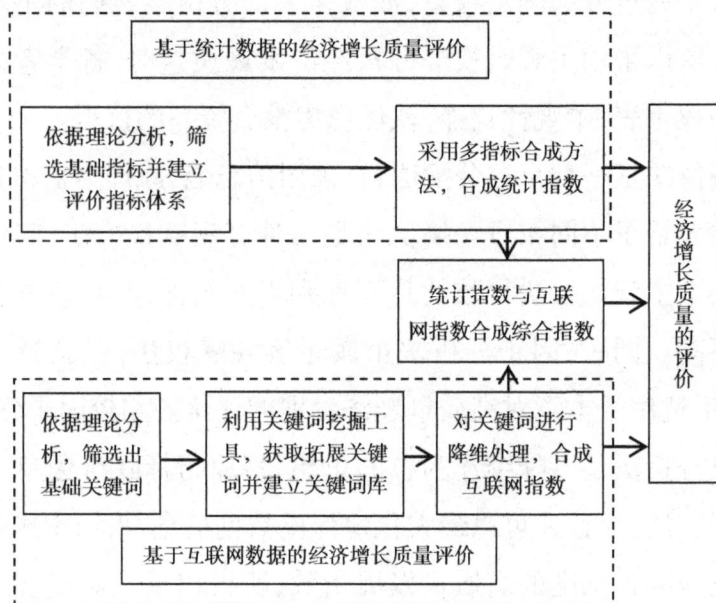

图 8-1 经济高质量发展的评价

为季度,即更新周期存在差异。在对统计数据进行模型预测时,采用 ARIMA 模型。在对互联网数据进行预测时,由于数据更新频率为季度,考虑到季节性可能会对预测产生影响,所以采用指数平滑法消除季节性。具体测度方法如下。

1. ARIMA 模型

ARIMA 模型,可以根据时序资料进行短期预测,ARMA 模型的表达式如式(8-1)所示。

$$y_n = \phi_1 y_{n-1} + \phi_2 y_{n-2} \cdots + \phi_p y_{n-p} + \varepsilon_n - \theta_1 \varepsilon_{n-1}$$
$$- \theta_2 \varepsilon_{n-2} - \cdots - \theta_p \varepsilon_{p-2} \tag{8-1}$$

经过 d 阶差分,形成 ARIMA(p,d,q)模型,式(8-2)所示。

$$\nabla^d y_n = \phi_1 \nabla^d y_{n-1} + \phi_2 \nabla^d y_{n-2} \cdots + \phi_p \nabla^d y_{n-p} + \varepsilon_n$$
$$- \theta_1 \varepsilon_{n-1} - \theta_2 \varepsilon_{n-2} - \cdots - \theta_p \varepsilon_{p-2} \tag{8-2}$$

式(8-2)中，$\nabla = 1 - B$ 为差分算子，B 为滞后算子。

2. Holt-Winters 模型

Holt-Winters 模型是基于指数平滑的思想，消除序列的季节性，适用于短期预测。平滑序列的计算公式如式(8-3)所示。

$$\hat{y}_{t+k} = a_t + b_t k + S_{t+k}, t = s + 1, s + 2, \cdots, T \qquad (8-3)$$

式(8-3)中，a_t 表示截距，b_t 表示趋势，$a_t + b_t k$ 表示趋势，S 表示加法模型季节因子，s 表示季节周期长度。

第三节　中国经济高质量发展的评价

一、指标体系构建

（一）统计指标构建

1. 指标体系构建的原则

（1）系统性原则

经济高质量发展是一个综合性概念，应以系统性为原则，对经济高质量发展的各个领域进行提炼，其指标选取应全面真实地测度经济高质量发展的各个方面。

（2）科学性原则

在对经济高质量发展进行决策活动时，必须在科学的理论指导下，遵循科学决策的原则，运用科学的思维方法来确定构建指标体系的行为准则。

（3）代表性原则

需要对经济高质量的特征进行归纳总结，选出具有一般解释能力的指标。经济高质量发展的指标必须对应经济活动的各方面，以确保评价经济高质量发展的可信度。

(4)可获得性原则

在构建经济高质量发展指标体系时，为确保测度的真实性，需要避免纳入数据不完备的指标。否则，构建的体系只具有理论层面的意义，无法对经济高质量发展进行评价，也无法对经济高质量发展作出理论指导。

在对现有经济高质量发展评价指标体系进行梳理分析的基础上，本章在构建经济高质量综合评价指标体系时，既确保了指标选取的科学合理性，又考虑了数据获得的便捷性以及计算的简洁性，使经济高质量发展过程评价具有更高的可操作性，重视测度结果的现实意义。

(二)指标体系的内容

根据指标体系建设原则，选择更多核心和代表指标能够保证测度的完备性，但过多相关程度高的指标又会降低核心指标的权重，导致评价体系准确度降低。因此指标选取要从理论、实践两方面考虑，确保评价指标体系构建具有理论研究意义和现实指导意义。本节在梳理经济增长质量理论和界定经济高质量发展内涵基础上，根据现有统计数据构建了经济高质量发展评价的指标体系，包括经济增长效率、经济结构形态、经济稳定程度、生活质量和环境质量五个维度。具体指标见表8-1。从表8-1中可以看出，本章所构建评价经济高质量发展评价指标体系共有一级指标5个、二级指标14个、三级指标33个。指标体系的具体设定说明如下。

1. 经济增长效率

增长效率是要素投入与产出的比值,包括正向要素投入与生产总值比值、能源投入与生产总值比值。一方面,用资本要素效率和劳动力要素效率衡量经济高质量发展中的生产要素效率;另一方面,用电耗和能耗投入占生产总值比重衡量经济高质量发展的资源消耗水平。

2. 经济结构形态

具体包括第一、第二、第三产业占比,投资消费比率、金融业存贷金额占比、国际收支水平和城乡二元结构。其中,对于产业结构衡量通常选择三大产业的比较劳动生产率和工业化率指标;采用二元对比及反差指数衡量二元经济结构;在衡量投资与消费结构时一般选取增量资本产出率、投资率与消费率作为测度指标。选择金融业存款金额占国内生产总值比例、金融业贷款金额占国内生产总值比例两个指标代表金融结构;选取进出口总额与国内生产总值之比来测度国际收支结构。指标计算公式如式(8-4)至式(8-8)所示。

$$\text{工业化水平} = \frac{\text{工业增加值}}{\text{农业增加值}} \qquad (8\text{-}4)$$

$$\text{农业比较生产率} = \frac{\text{农业增加值／国内生产总值}}{\text{农业劳动力数量／总劳动力数量}} \qquad (8\text{-}5)$$

$$\text{投资水平} = \frac{\text{投资金额}}{\text{国内生产总值}} \qquad (8\text{-}6)$$

$$\text{二元生产率比值} = \frac{\text{农业比较生产率}}{\text{非农业比较生产率}} \qquad (8\text{-}7)$$

二元生产总值比值＝非农与农业生产总值比值－非农与农业劳动力比值 (8-8)

3. 经济稳定程度

已有研究普遍从物价、产出、就业几个维度评价经济稳定程度。考虑到数据的可得性,本章选择经济增长波动率、城镇登记失业率、消费者和生产者物价指数代表经济稳定程度。有关经济增长波动率指标的计算公式如式(8-9)所示。

$$经济增长波动率 = |当前生产总值增速 - 前期生产总值增速|$$
$$(8-9)$$

4. 生活质量

分配方式合理程度、福利水平和收入水平高低决定了居民生活质量。因此,选取单位城镇人口建筑面积、城镇与农村家庭恩格尔系数、人均可支配收入指标衡量生活质量。采用城乡收入比作指标,用来反映经济社会分配合理程度。城乡收入比和恩格尔系数的计算公式如式(8-10)和式(8-11)所示。

$$城乡收入比 = 单位城市人口收入 / 单位农村人口收入$$
$$(8-10)$$

$$恩格尔系数 = (食品消费金额 / 消费总金额) \times 100\%$$
$$(8-11)$$

5. 环境质量

生态文明是经济高质量发展的要求之一。生态环境可从保护力度与减少污染物两方面进行评测。用废气、废液、固体废物排放量衡量经济生产过程中的污染水平;用国家工业污染治理投资总额和完成额、森林面积衡量环境治理效果。

表 8-1　经济高质量发展评价的指标体系

	一级指标	二级指标	三级指标	指标单位	指标类型
经济高质量发展评价指标体系	经济增长效率	生产要素效率	资本要素效率	–	+
			劳动力要素效率	–	+
		资源消耗	单位国内生产总值电耗	千瓦时每万元	–
			单位国内生产总值能耗	吨标准煤每万元	–
	经济结构形态	三大产业结构	第二产业占比	%	+
			第一产业比较劳动生产率	–	+
			第二产业比较劳动生产率	–	+
			第三产业比较劳动生产率	–	+
		金融业结构	单位国内生产总值存款	–	+
			单位国内生产总值贷款	–	+
		投资消费比率	投资比率	%	+–
			消费比率	%	+–
		国际收支比率	单位国内生产总值进出口总额	–	+
		城乡二元结构	二元对比系数	–	+
			二元反差指数	–	–
	经济稳定程度	物价指数	消费者物价指数	–	+–
			生产者物价指数	–	+–
		失业情况	城镇登记失业率	%	–
		产出波动	经济增长波动率	%	–
	生活质量	生产成果分配	城乡收入比	–	–
			基尼系数	–	–
		居民福利	单位城镇人口建筑面积	平方米	+
			单位农村人口住房面积	平方米	+
			城镇家庭恩格尔系数	%	–
			农村家庭恩格尔系数	%	–
			城镇人均可支配收入	元	+
			农村人均纯收入	元	+
	环境质量	环境治理	工业污染治理完成投资	万元	+
			环境污染治理投资总额	亿元	+
			森林面积	万公顷	+
		污染水平	废气排放量	亿立方米	–
			污水排放数	万吨	–
			固体废物排放数	吨	–

注：表中第六列指标类型中的"+"代表正向指标，"–"代表负向指标，"+–"代表适度指标。

（三）高质量发展关键词数据库

1. 构建数据库的原则

（1）科学性

数据库的构建必须符合客观实际，基本关键词之间的界限要明晰，关键词库既要涵盖各个方面也需对其中领域准确表达。

（2）相关性

基础关键词的选定必须具有理论依据，关键词需与所评价维度相关，使所建立的关键词数据库符合经济高质量发展的要求。

（3）充分性

在所选择的统计数据收集期间所收集的搜索量是丰富的、大量的，不被个体重复搜索所影响，避免数据样本量少所带来的偏差。

（4）全面性

经济高质量发展需综合考量，在构建经济高质量评测关键词库时，要综合考虑各因素，尽可能使构成关键词库的关键词能全面覆盖经济高质量发展的各方面。

同时需要注意的是，选取的关键词数量要适中，太少的关键词不能覆盖经济质量的方方面面，太多的关键词不仅会影响核心关键词的权重，也会增加数据处理难度。保证核心关键词的合适搜索量才能确保评价的有效性。综上所述，在选择关键词时应考虑理论与实践因素，以保证关键词数据库对经济高质量发展评价的实际意义。

2. 关键词库的内容选择

和构建经济高质量发展评价维度相同，在互联网数据收集过程中,仍将其分为经济增长效率、经济结构形态、经济稳定程度、生活水平和生态环境五方面。五个方面的核心关键词确定由小组讨论方式得出;之后,利用数据挖掘工具确定边缘的扩展关键词,扩大关键词搜索范围,以确保经济高质量发展评价结果的准确度。

关键词的选择影响着经济高质量发展测度结果的科学性与准确性,所选取的关键词必须是互联网搜索中尽可能贴切经济高质量发展的关键词,这是经济高质量评价中至关重要的一步。

关键词挖掘工具通过分析海量用户搜索数据,总结归纳并搜索出相似关键词。当用户检索关键词时,与所检索关键词相近的词语会被挖掘工具主动推送给用户。目前常见的关键词挖掘工具有以下两种。

(1)第三方网站

第三方网站已经具备了总结百度搜索关键词的功能。例如爱站网 SEO 查询中可以提供关键词挖掘模块,对网页搜索量中目标关键词的相近关键词进行挖掘,方便使用者对关键词进行选择和总结。

(2)百度关键词挖掘

百度拥有自己的关键词挖掘工具,百度指数需求图谱模块为使用者提供了与所检索关键词有关的热点搜索,比如对"雾霾"进行搜索,需求图谱模块便可以观察到在不同时间段内与搜索词相关的主题关键词,并通过不同颜色反映搜索的热度,其中红色代表搜索量上升、绿色代表搜索量减少,同时观察圆形的大小可以看到关键词的热度,圆圈的面积越大,受到关注的程度越高。

首先,在得到的关键词中,将重复的关键词去除,对于长尾的关键词和存在数据缺失的关键词进行调整;其次,进一步通过分组讨论法选择扩展关键词;最后,再依据理论对关键词进行归类与筛选,构建经济高质量发展的关键词数据库。本章从五个维度进行关键词搜寻,最终选取数为 157 个,其中包括基本关键词与扩展关键词,关键词数据库见表8-2。

①经济增长效率维度

在经济增长效率维度下的基础关键词是现阶段新生产要素与资源配置效率的代表词。其中"资源回收""资源利用"搜索量呈现逐渐上升的趋势,说明资源环保型社会观念正在深入人心,可以预见资源回收效率会进一步提高;"研究开发""发明专利"也在持续增加,技术要素正成为经济发展的根本动力,未来应重视技术进步对经济高质量发展的作用;"智能设备""工程技术人员"也呈现出搜索量增加的趋势,人力资本与新的机器设备仍是提高生产效率的关键,随着机械化、自动化水平的不断提高,成为经济持续发展的新要素。

②经济结构形态维度

在经济结构维度下,基础关键词分别对应着经济增长结构中的产业结构、投资消费结构、进出口结构与金融结构等方面。如"存款额"的关键词搜索量减少,代表居民储蓄减少,金融结构发生调整;"产业""制造"与产业结构高级化密不可分;"出口量"直接关系到我国的商品贸易,还反映我国的对外贸易依存度;"城市"反映的是我国的城市发展问题。

③经济稳定程度维度

经济稳定程度维度中,基础关键词分别反映着政策稳定性、物价稳定性、就业稳定性等。

④生活质量维度

生活质量维度的基础关键词反映了人民群众的物质需求和精神需求,具体包括收入水平,教育旅游,安全健康等。例如,心脑血管疾病通常是对人身体健康产生危害的普遍原因,可以将其用作衡量健康水平的逆向指标。

⑤环境质量维度

在环境质量维度中,反映了人民生存空间的绿色水平。"环境""植树"是保护环境的措施。而"废水""废气"等词搜索量的提升,代表着污染现象出现频率增加。

表 8-2　经济高质量发展评价的关键词库

评价维度	基础关键词	拓展关键词
经济增长效率	技能、智能设备、工作效率、工程技术人员、发明专利、研究开发、资源回收、机械化、资源利用	智能养猪设备、高级工程师、专利发明检索、专利局、专利权、高级工程师、研发经费、智能工业、智能办公、自动收割机、科技企业培育、新技术开发、专利网站、专利申请量、高新企业扶持、智能生产线、废物利用、资源利用、水资源利用、自动化投资等
经济结构形态	制造、城市、产业、消费量、出口量、投资额、贷款额、存款额	投资产品、理财服务、开发项目、贫富悬殊、城镇天使投资、城镇化、利率、天使投资、城乡差距、存款利率、金融产品、股权产品、对外贸易、风险投资、出口税、新兴产业、产业结构形态、工厂劳务、工业、服务业等
经济稳定程度	汇率、制度、金融、价格、失业	经济形势、中国发展、金融政策、汇率政策、金融政策、中国经济问题、金融泡沫、稳定增长、经济形势下滑、经济形势衰退、金融危机、泡沫经济、价格指数、狭义货币、财政部门、生猪价格上涨、货币供给、农产品收购建、CPI、经济学者、房价上涨、物价指数、找工作、货币、减息、五险一金、价格、汇率制度、简历等
生活质量	旅游出行、留学、社保、工资、房价、心脑血管疾病、食品药品、运动	房屋中介、精装修、房贷、车贷、建房、汽车维修、留学、绿色食品、购房协议、奢侈品消费、体育馆、国际旅游团、跑步等

续表

评价维度	基础关键词	拓展关键词
环境质量	废水、环境、大气、废品、植树、三废、排污	空气优良天数、废气处理设备、废水处理、空气净化设备、口罩用品、污水排放税、固体废物处理、三废处理技术、绿化、废弃物分类、绿地面积、废水净化等

注:表格由笔者整理所得。

二、基于统计数据的评价

(一)评价方法

具体从国家统计年鉴、社会发展公报、CEIC 数据库获取本章统计数据,时间跨度为 2011—2021 年。其中,对劳动生产率、比较劳动生产率、实际国内生产总值和资本存量计算作出说明。首先,用年末就业人口数量代表经济活动中劳动力的投入水平;其次,在计算实际国内生产总值时,以 2011 年为基期,计算出 2011—2021 年的国内生产总值平减指数,再利用名义国内生产总值除以每年国内生产总值平减指数得到实际国内生产总值。最后,使用永续盘存法计算出资本存量,具体计算过程如式(8-12)及式(8-13)所示。

$$k_t = k_{t-1}(1 - \delta_t) + I_t \qquad (8-12)$$

基期的资本存量计算方法如下:

$$K_0 = \frac{I_0}{g + \delta} \qquad (8-13)$$

其中,在式(8-13)中,K_0 与 I_0 代表了基期资本存量与投资金额,式中 g 为 2010—2021 年实际投资金额的年平均增长率,本章对于折旧率 δ 的估算数值采用单豪杰(2008)所得的 10.96% 作为折旧率。

(二)数据处理

在对经济高质量发展测度前,需要先处理原始数据。通常,原始数据中往往存在噪声,同时异常值与缺失值也会显著影响数据结果。在确保测度精度的要求下,必须对原始数据进行处理,否则数据结果的准确性无法保证,甚至会得出相反的研究结论。首先,剔除掉原始数据中大于相邻均值正负 3 个标准差的数值,并对缺失值采用线性插值法填充,以确保时间序列分析顺利。之后,将指标体系中的负向指标正向化,具体采用取倒数的方法进行逆向化指标处理,确定了两个中等指标的最佳值。其中投资率的最佳值为 38%,消费率的最佳值为 60%。计算方法如式(8-14)所示,其中 x_i 为原始值,$\bar{x}_i$ 为适度值:

$$Z(x_i) = \frac{1}{|x_i - \bar{x}_i|} \tag{8-14}$$

最后,本章构建的指标体系从经济增长效率、经济结构形态、经济稳定程度、生活质量、环境质量五个维度对指标进行了合成,但由于获取数据并没有统一的单位,数据之间可能会产生因为量级差异产生误差,并且会对单位之间的权重值的确定产生影响。因此,在进行主成分分析之前,首先要对数据进行无量纲化。本章采用 Z-score 标准化公式处理数据,如式(8-15)所示:

$$Z(x) = \frac{x - \bar{x}}{s(x)} = \frac{x - \bar{x}}{\sqrt{\dfrac{(x - \bar{x})^2}{n}}} \tag{8-15}$$

在计算各维度指数值之前,本章对原始数据进行了数据清洁。

首先剔除原始数据中大于相邻均值三倍标准差的异常值,然后对数据进行标准化处理,标准化之后的数据,各项时间序列均值为0,标准差为1。

本章借助于主成分分析法对处理后的数据进行经济高质量发展水平测度,大体上分为两大步骤。

第一步,计算出五个维度的指数值,由于五个维度的指数值计算方法相同,表8-3仅以经济增长效率指标为例予以说明。

从表8-3可以看出,第一个主成分的贡献率为79.15%,按照70%的标准,资本要素效率单个指标足以用来解释经济增长效率的主要来源。之后,再用成分矩阵载荷数除以相应主成分特征值的算术平方根得到各指标的变量系数向量,并以方差贡献率作为各主成分的权重,计算各个指标权重;最后依据指标权重对各个指标进行赋权加总就可以得到增长效率的指数。其余四个维度的指标计算步骤与增长效率维度相同,在此不再赘述。

表8-3 增长效率主成分分析的统计特征

成分	初始特征值			成分矩阵载荷数	
	合计	方差占比(%)	累积占比(%)	指标	主成分1
1	3.17	79.15	79.15	资本要素效率	0.69
2	0.64	15.86	95.02	劳动要素效率	0.97
3	0.19	4.69	99.70	单位国内生产总值电耗	0.91
4	0.01	0.29	100.00	单位国内生产总值能耗	0.96

注:表格由笔者计算所得。

第二步,对计算出的各维度指数值,再次使用主成分分析的方法,计算得出经济高质量发展的总指数。

如表8-4所示,第一主成分的累计方差贡献率达到74.13%,

以 70% 为标准,第一个主成分可以很好地反映整体的信息,足以替代 5 个维度指标;之后,用成分矩阵载荷数除以相应主成分的特征值的算术平方根得到各指标的变量系数向量,并以方差贡献率作为各个主成分的权重,计算各个指标权重;最后依据指标权重计算得到经济高质量发展统计指数各维度指数值。

表 8-4 经济高质量发展各维度主成分分析的统计特征

成分	初始特征值			成分矩阵载荷数	
	合计	方差占比(%)	累积占比(%)	指标	主成分 1
1	3.71	74.13	74.13	经济增长效率	-0.96
2	0.81	16.25	90.38	经济结构形态	0.99
3	0.30	5.99	96.38	经济稳定程度	-0.49
4	0.16	3.19	99.57	生活质量	0.97
5	0.02	0.43	100.00	环境质量	0.98

注:表格由笔者计算所得。

(三)评价结果

由主成分分析法对我国 2010—2021 年经济高质量发展五个维度及总指数进行测算,结果如表 8-5 所示。从表 8-5 中可以看出,我国经济高质量发展综合指数和分指数都呈现逐年递增趋势,各指数大小的排序为:经济高质量发展统计指数>经济稳定程度>环境质量>经济增长效率>经济结构形态>生活质量。

这一结果说明我国在实现经济高质量发展过程中经济稳定程度、环境质量和经济增长效率起到了主要推动作用,但经济结构形态和生活质量对实现经济高质量发展仍产生正向影响但贡献较小。因此,从统计指标来看,我国实现经济高质量发展更应重视经济结构形态和生活质量这两个方面。

表8-5　2007—2021年经济高质量发展统计指数及各维度指数值

年度	经济结构形态	经济稳定程度	生活质量	环境质量	经济增长效率	经济高质量发展统计指数
2007	-1.36	-1.82	-0.12	-1.52	-1.07	-5.88
2008	-0.88	-1.56	-0.21	-1.62	-0.93	-5.20
2009	-0.41	-0.98	0.19	-1.26	-0.75	-3.22
2010	-0.18	-0.91	-0.13	-0.88	-0.56	-2.65
2011	-0.17	-0.78	-0.14	-0.58	-0.39	-2.06
2012	-0.05	-0.47	0.02	-0.37	-0.24	-1.11
2013	-0.01	-0.05	0.09	0.00	0.05	0.08
2014	0.19	0.28	0.10	0.20	0.39	1.16
2015	0.35	0.68	0.17	0.43	0.25	1.88
2016	0.37	0.81	0.09	0.53	0.50	2.30
2017	0.36	0.66	-0.04	0.67	0.50	2.16
2018	0.23	0.62	0.00	1.00	0.56	2.41
2019	0.38	0.90	0.02	1.18	0.65	3.12
2020	0.55	1.37	0.06	1.03	0.51	3.51
2021	0.64	1.25	-0.10	1.19	0.53	3.50

注：表格由笔者计算所得。

三、基于大数据的评价

(一)数据说明

本书利用百度公司研发的网民行为搜索工具——百度指数进行互联网数据搜索。百度指数工具作为集特定关键词搜索、分析和分享于一体的数据搜索平台，极大地降低了用户获取数据的成本。此外，百度指数记录了特定关键词的实时搜索量变化和关键词搜索用户的基本行为特征。从行业视角分析，百度指数还能为用户提供就业形势分析。总体而言，百度指数基于数亿用户的搜索、浏览以及点击网页或词条的记录,在对关键词搜索量记录的基础上对搜索内容进行深入分析,以便为用户提供更为具体的数据信息。

百度指数目前为用户提供了两大功能服务模块,并区分为单个词和行业两大类。其中基于单个词的模块包括趋势研究、需求图谱、舆情管家和人群画像;基于行业的模块包括整体趋势、地域分布、人群属性和搜索时间特征。而两方面的服务模块从具体研究内容分类包括四类:趋势研究、需求图谱、用户咨询和人群画像。在趋势研究模块,用户可以获取某一关键词在具体地区、具体时间、PC(Personal Computer)端、移动端的搜索量和搜索趋势,并且能对不同月份数据进行环比变化情况对比,本章主要利用该模块进行互联网数据获取,并基于获取的互联网数据进行经济高质量发展评价。在需求图谱模块,用户可以根据关键词搜索的分布情况得知不同用户对关键词差异化的关注情况;在用户咨询模块,百度会通过向用户推送内容的方式获取用户的网上浏览偏好,并对这些偏好数据进行分析得到用户咨询数据。在人群画像模块,百度可以获取搜索信息用户的区域、个体特征信息,并利用此信息为用户提供数据服务。2006 年下半年起,百度开始公布 PC 端指数的数据;2011 年起,百度开始公布 PC 端和移动端的综合数据。因此,为了保证数据统计口径的一致性,本章选用来自 PC 端的季度互联网数据进行指数计算,具体时间从 2011 年第一季度开始截至 2021 年第四季度。获取互联网数据的具体方法依旧是采用统计方法,通过对特定关键词搜索频次进行加权分析,得到详细的百度指数数值。

(二)数据处理

在正式对经济高质量发展进行评价前,需要对搜集的互联网原始数据进行处理,以保证指数计算结果的合理性。本章搜集到的互联网数据为季度数据,受气候、法定假日等影响季度数据存在一定波动,这会影响经济高质量发展评价结果的准确性。因此,采用 X12 季节调整法对互联网季节数据进行处理,具体包括加法季节分解和乘法季节分解两类,分别如式(8-16)及式(8-17)所示。

$$YT_t = LT_t + CC_t + SC_t + IC_t \tag{8-16}$$

$$YT_t = LT_t \times CC_t \times SC_t \times IC_t \tag{8-17}$$

在加法季节分解模型和乘法季节分解模型中,用 LT 表示互联网数据的长期发展趋势、用 CC 表示互联网数据的周期性变动、用 SC 表示互联网数据的季节波动趋势、用 IC 表示互联网数据的不规则变化。其中,季节性波动会影响周期变动趋势,不规则变化则多受到突发事件的影响,如地震、泥石流等,也有可能由统计误差造成。加法季节分解模型认为四个趋势之间不存在相互作用,而是各自产生作用,因此每个成分都独立进行表示。乘法季节分解模型则认为 LT、CC、SC 和 IC 相互关联,以长期变化趋势为基准,四个趋势分别与长期趋势相比得到四个比率。本章将采用乘法季节分解模型对所搜集的原始数据进行季节调整。

(三)评价结果

本节使用主成分分析法计算得到 2011 年第一季度至 2021 年第四季度经济高质量发展综合指数值和五大维度指数值,如表 8-6 所示。可以看出,通过互联网数据计算得出的经济高质量发展综合指数呈现波动上升趋势,五大维度的分指数虽呈现上升趋势,但差异性较大。其中,经济稳定程度与环境质量增长幅度最高,经济增长效率和生活质量增长幅度最低。这一结果与依据统计数据计算得出的经济高质量发展指数结果既有一致性又有差异性。经济结构形态和生活质量发展速度缓慢,对实现经济高质量发展产生了不利影响。因此,从大数据评价结果来看,我国在实现经济高质量发展过程中应保持五大分维度增长速度相同,重视经济结构形态转变以及提高人民生活质量。

表8-6　2011—2021年经济高质量发展互联网数据及各维度指数值

时间	经济结构形态	经济稳定程度	生活质量	环境质量	经济增长效率	经济高质量发展互联网指数
2011Q1	-5.12	-6.77	-4.24	-6.77	-2.57	-4.34
2011Q2	-3.97	-5.65	-3.70	-5.65	-2.22	-3.61
2011Q3	-3.45	-4.79	-3.62	-4.79	-1.32	-3.05
2011Q4	-2.51	-3.57	-2.40	-3.57	-0.79	-2.15
2012Q1	-2.09	-3.14	-1.74	-3.14	-0.81	-1.81
2012Q2	-2.22	-3.24	-1.98	-3.24	-0.39	-1.81
2012Q3	-2.51	-3.43	-1.63	-3.43	-0.42	-1.85
2012Q4	-2.21	-4.61	-1.58	-4.61	-2.28	-2.54
2013Q1	-2.44	-4.56	-1.52	-4.56	-2.14	-2.52
2013Q2	-2.91	-4.56	-1.11	-4.56	-2.17	-2.54
2013Q3	-3.38	-5.13	-0.98	-5.13	-3.09	-2.97
2013Q4	-3.13	-4.43	-0.92	-4.43	-2.45	-2.58
2014Q1	-2.70	-4.07	-0.65	-4.07	-2.51	-2.35
2014Q2	-2.10	-3.58	-0.31	-3.58	-2.33	-1.98
2014Q3	-1.38	-2.92	0.27	-2.92	-1.71	-1.39
2014Q4	-1.45	-3.08	0.42	-3.08	-2.07	-1.50
2015Q1	-1.38	-2.86	1.09	-2.86	-1.41	-1.12
2015Q2	0.60	-1.16	1.74	-1.16	-0.79	0.02
2015Q3	2.95	1.77	2.26	1.77	0.75	1.74

续表

时间	经济结构形态	经济稳定程度	生活质量	环境质量	经济增长效率	经济高质量发展互联网指数
2015Q4	1.76	1.09	2.24	1.09	0.19	1.18
2016Q1	1.24	0.61	1.86	0.61	0.25	0.88
2016Q2	0.69	0.07	1.77	0.07	0.08	0.57
2016Q3	1.06	0.29	1.37	0.29	0.63	0.75
2016Q4	1.16	0.34	1.35	0.34	0.04	0.63
2017Q1	1.42	0.65	1.24	0.65	0.15	0.77
2017Q2	0.89	0.09	1.10	0.09	−0.67	0.29
2017Q3	0.71	0.06	1.28	0.06	−0.91	0.22
2017Q4	1.36	1.18	1.87	1.18	−0.29	0.92
2018Q1	1.43	1.65	1.36	1.65	0.35	1.10
2018Q2	1.33	2.40	0.85	2.40	0.94	1.30
2018Q3	1.57	3.28	0.49	3.28	1.80	1.71
2018Q4	2.30	4.11	0.66	4.11	2.70	2.33
2019Q1	2.64	4.07	0.73	4.07	1.50	2.11
2019Q2	2.67	4.40	0.19	4.40	1.98	2.20
2019Q3	1.67	2.93	−0.56	2.93	1.18	1.25
2019Q4	0.62	2.32	−1.14	2.32	0.73	0.65
2020Q1	0.68	2.60	−0.79	2.60	0.72	0.80
2020Q2	0.59	4.61	1.53	4.61	2.76	2.31
2020Q3	3.57	6.83	1.11	6.83	3.91	3.68
2020Q4	2.50	5.77	1.00	5.77	3.22	2.99
2021Q1	3.42	6.16	0.14	6.16	3.49	3.16
2021Q2	2.16	4.46	−0.16	4.46	2.24	2.09
2021Q3	2.01	4.86	0.34	4.86	2.06	2.23
2021Q4	1.95	4.95	0.80	4.95	1.69	2.25

注:表格由笔者计算整理所得。

四、统计数据与互联网数据合成评价

在将统计数据和互联网数据结合后对经济高质量发展进行评价时仍使用主成分分析法,得到经济高质量发展的综合指数和五

个维度的细分指数。由于互联网数据为季度数据,所以先对四个季度数据求均值得到年度数据再与统计数据结合。由于本章选择的指标权重的确定方法均保持一致,在此不再赘述。具体的合成指数结果如表8-7所示。

表 8-7　2011—2021 年统计数据与互联网数据合成评价分析结果

年度	经济结构形态	经济稳定程度	生活质量	环境质量	经济增长效率	经济高质量发展综合指数
2011	-0.82	-1.23	-0.56	-1.19	-0.42	-3.66
2012	-0.48	-0.84	-0.26	-0.82	-0.24	-2.27
2013	-0.62	-0.97	-0.16	-0.96	-0.48	-2.69
2014	-0.36	-0.65	0.00	-0.66	-0.35	-1.70
2015	0.28	0.08	0.31	0.03	-0.01	0.52
2016	0.29	0.23	0.26	0.18	0.15	0.82
2017	0.30	0.24	0.21	0.24	0.02	0.63
2018	0.39	0.72	0.13	0.79	0.40	1.63
2019	0.47	0.89	-0.03	0.95	0.40	1.66
2020	0.49	1.31	0.12	1.23	0.63	2.54
2021	0.63	1.31	0.03	1.30	0.58	2.51

注:表格由笔者计算所得。

从表8-7中可以看出,通过将统计数据和互联网数据合成后计算得出的经济高质量发展综合指数和细分指数结果与表8-5、表8-6既有一致性又有差异性。它们的一致性主要体现在变化趋势方面,而差异性主要体现在变化程度方面。其中,表8-7中的环境质量指数变化趋势和表8-5所汇报的结果基本保持一致,2011—2021年中国的经济稳定程度指数与环境治理指数两个维度的表现较好,始终保持着逐年递增的增长趋势。这说明从总体上而言,我国经济发展的稳定性不断增强,环境质量也在逐年改善;从数值上来看,2021 年中国经济稳定程度维度与环境质量维度的指数值在五个维度中为最高水平,这也印证了相较于其他维度,目前我国在经济稳定性以及环境质量方面的工作略显成效。此外,借助互联网数据能够更加准确地刻画居民的生活质量,结合统计数据与互联网数据所得到的结果表明,与其他维度的指数结果相比我国生活质量维度指数最低,这说明我国未来的工作方向要向提高人民生活水平方面倾斜。

第四节　中国经济高质量发展的预测

在分别利用统计数据和互联网数据对我国经济高质量发展水平进行评价基础上,本章利用 ARIMA 模型、带有季节趋势的指数平滑法对我国 2022—2024 年经济高质量发展水平进行预测,包括统计数据预测、互联网数据预测和将统计数据与互联网数据结合进行预测三类。

一、基于统计数据的预测

从表 8-8 可以看出,2022 年,基于统计数据的经济高质量发展综合指数和各维度指数大小排序与 2021 年保持一致。说明在经济发展进入新常态阶段后,无论是经济结构形态还是经济增长效率都基本保持稳定变化趋势。但这里的预测结果未将突发公共卫生事件因素考虑进去,已持续两年半的新型冠状肺炎疫情依旧对全球各国经济发展有巨大的冲击,但我国 2020—2021 年 GDP 依旧够保持正向增长,说明我国有较为完善的突发公共卫生事件应对体系。

表8-8　经济高质量发展统计指数及各维度指数值预测结果

年份	经济结构形态	经济稳定程度	生活质量	环境质量	经济增长效率	经济高质量发展综合指数
2022	0.72	1.45	0.02	1.37	0.51	3.49
2023	0.80	1.66	0.02	1.54	0.46	3.48
2024	0.88	1.86	0.02	1.72	0.41	3.47

注:表格由笔者计算所得。

二、基于大数据的预测

从表8-9可以看出,2022—2024年预测结果的变化趋势和指数排序与2011—2021年保持一致,同样说明我国经济发展进入新常态阶段后,无论是经济结构形态还是经济增长效率都基本保持稳定变化趋势。

表8-9　经济高质量发展互联网指数及各维度指数值预测结果

时间	经济结构形态	经济稳定程度	生活质量	环境质量	经济增长效率	经济高质量发展综合指数
2022Q1	2.31	5.19	0.92	5.19	1.79	2.41
2022Q2	2.78	5.98	1.03	5.98	1.89	2.84
2022Q3	2.95	5.95	1.15	5.95	1.99	2.87
2022Q4	3.11	6.58	1.27	6.58	2.09	3.22
2023Q1	3.27	6.85	1.39	6.85	2.19	3.37
2023Q2	3.43	7.12	1.50	7.12	2.28	3.52
2023Q3	3.59	7.39	1.62	7.39	2.38	3.67
2023Q4	3.75	7.66	1.74	7.66	2.48	3.82
2024Q1	3.91	7.93	1.85	7.93	2.58	3.97
2024Q2	4.07	8.21	1.97	8.21	2.68	4.12
2024Q3	4.23	8.48	2.09	8.48	2.78	4.27
2024Q4	4.39	8.75	2.21	8.75	2.88	4.41

注:表格由笔者计算整理所得。

三、基于统计数据与互联网数据合成的预测

表 8-10 的预测结果变化情况与评价结果也保持一致。未来,实现经济高质量发展要在重视产业转型升级的同时重视人民生活质量的提升。

表 8-10　2022—2024 年统计指数和互联网数据合成的预测结果

年份	经济结构形态	经济稳定程度	生活质量	环境质量	经济增长效率	经济高质量发展综合指数
2022	0.86	1.32	−0.13	1.59	0.76	2.45
2023	1.09	1.49	−0.09	1.82	0.72	2.83
2024	1.38	1.46	−0.17	1.81	0.84	3.10

注:表格由笔者计算整理所得。

第五节　研究结论与政策方向

一、经济高质量发展综合指数逐年递增

本章关于经济高质量发展评价指标体系和方法的确定基于两个方面:一是已有关于经济高质量发展评价指标体系构建和评价方法总结;二是在数字经济背景下创新性地使用互联网数据搜索方法对指标体系所需数据进行爬取。根据已有数据,在对我国经济高质量发展进行评价基础上,进而利用灰色自适应等递补预测模型,对经济高质量发展进行短期预测。

在数据来源方面,采取统计数据和互联网搜索数据两种数据来源评价经济高质量发展各有利弊。一方面,从数据可靠性进行对比,官方统计数据的可靠性高于手动爬取数据,目前大多数研究

的数据来源均为官方统计数据;另一方面,从数据时效性进行对比,互联网搜索数据为实时更新数据,时效性强于统计数据。本章正好将两种不同来源的数据进行结合对经济高质量进行评价,以期在数字背景下得出更准确的经济高质量发展指数。在以后的数据分析中,不仅要重视数据来源的可靠性,还需要考虑数据的时效性,尤其在数字经济这种新兴经济形态背景下,需要同时考虑新一代信息技术对研究主体的影响,提高互联网数据应用潜力,降低研究偏差。

根据统计数据、互联网数据、统计数据与互联网数据合成的综合数据对经济高质量发展进行评价。首先,从基于统计数据对经济高质量发展进行评价的结果可以看出,无论是经济高质量发展综合指数还是细分的五大维度指数都呈现逐年递增趋势,且经济结构形态指数最高、环境质量指数最低。其次,从基于互联网数据对经济高质量发展进行评价的结果可以看出,除环境质量呈波动性下降趋势外,其余细分维度指数和综合指数呈上升趋势。最后,从基于统计数据和互联网数据合成的数据对经济高质量发展进行评价的结果与基于统计数据的评价结果的变化趋势相同。此外,本章还对2022—2024年经济高质量发展指数进行了预测,结果与评价结果的变化趋势保持一致。

但本章研究还存在以下不足:一是关于经济高质量发展内涵的界定,目前关于经济高质量内涵的界定,不同学者的界定存在差异;二是统计数据来源的确定,对于经济高质量发展进行评价的数据普遍基于统计数据,本章尝试通过收集互联网数据计算经济高质量发展指数,具有一定主观性,客观的理论支撑有待强化;三是预测方法的选择,关于时间序列数据的预测方法有很多,本章仅选择了带有时间趋势的指数平滑法和 ARIMA 模型法分别对基于互联网数据统计数据评价的经济高质量发展指数进行预测。未来，会继续采取多样化模型进行深入研究，使我国经济高质量评价结果更具科学性，对实现我国经济高质量提出更多可行性建议。

二、从五大方面加快实现经济高质量发展

基于前文经济高质量发展评价和预测结果，从增长效率、经济结构、经济稳定程度、生活质量和环境质量五个方面提出对策建议，以加快实现我国经济高质量发展。

（一）加快技术创新，提高经济增长效率

加快创新型国家建设的核心驱动力是技术创新，企业、学校和科研机构作为技术创新的重要主体，一方面要提升各自的技术创新水平，另一方面要加强彼此间的合作。在增强企业技术创新水平方面：政府、金融机构要为企业创新构建良好的外部环境，包括完善税收优惠制度、完善知识产权保护制度、建立企业创新奖励标准、加大创新型企业资金支持力度，以提高企业自主研发生产积极性；企业自身要构建支持创新的良好内部环境，包括加大研发投入力度、重视创新人才的培养和引进等，提高自主创新产出。在提高高校和科研机构创新水平方面，同样需要外部环境和内部环境支持。高校要优化现有教学模式，重视学生基础课程学习，强化学生创新能力的理论基础；开设与新一代信息技术创新相关的专业课程，加大技术专业人才的培养力度。科研机构同样要重视创新型人才的培养、加大创新资金投入，增加科技创新产出。在加强产学研合作方面，要建立以企业主导、高校和科研机构协调的技术研发

体系,加快实现从企业需求提出到创新成果、再到创新成果市场化的转变,提高企业生产力水平,从而加快实现经济高质量发展。

(二)优化经济结构

实现经济高质量发展的主要着力点是经济结构调整,而经济结构调整的关键在于加快产业结构调整。首先,产业结构调整要以供给侧结构性改革为指导原则,淘汰落后、过剩、同构化产能,利用新一代信息技术创造高端生产要素、优化资源配置,将产业发展重点放在智能制造、现代服务业上,提高供给质量、满足高水平消费需求。其次,加快国内产业"走出去"步伐,将国内产业结构与国际产业结构相接轨,扩大生产要素的市场来源,推进产业高端化。再次,产业结构调整离不开政府政策支持,政府要为高技术产业、依靠新一代信息技术发展起来的新兴产业提供更多财政税收政策支持,促进产业转型升级。最后,产业的升级随着劳动力结构升级,当低端劳动力被数字经济时代的智能技术取代后,产业对高端劳动力的需求随之增加,因此,国家应投入人力、物力、财力支持高端劳动力培养,支持低端劳动力技能提升再就业,缓解社会失业压力。

(三)提高经济稳定性

经济高质量发展的特点之一是保持经济平稳运行,但从前文计算得出的经济稳定性指数结果来看,我国经济稳定性水平有待提高。提高经济运行的稳定性,需要加大宏观政策支持和风险防控力度。在宏观政策支持方面,要继续深化改革开放、推进"一带一路"倡议,开拓新兴产业和国外新市场;同时,政策的制定和实施应该谨慎考虑,避免引起经济大幅波动。在风险防控方面,要完善风险监测机制、降低风险对经济运行的冲击,保持经济增长的持续性和稳定性。

(四)缩小收入差距,提高人民生活水平

经济高质量发展要坚持共享的发展理念,坚持发展为了人民、发展依靠人民、发展成果由人民共享。因此,人民应该共享经济高质量发展带来的红利。在社会保障制度方面,从广度和深度两个维度提高社会保障力度,最终构建全民共有的保障体系;在社会分配制度方面,要坚持初次分配重效率、再分配重公平的分配制度,特别地,政府要加大对贫困群体的扶持力度,提高低收入群体福利水平,降低贫困人口比例;在深入实施乡村振兴战略和西部大开发战略方面,要加大对农村地区、西部落后地区的政策、资金支持力度,缩小城市与农村、东部沿海发达地区与西部落后地区之间的差距,逐步改善东部与西部、城市与农村发展不平衡问题,促进经济发展的和谐共享。

(五)加大生态环境保护力度

经济高质量发展要坚持绿色的发展理念、坚持节约资源和保护环境的基本国策。改革开放以来,我国经济得到飞跃发展,并且四十多年来保持稳定。但同时也应该看到,经济高速增长的同时带来了大气污染、水环境污染等环境问题,对我国经济可持续发展产生不利影响,制约我国加快实现经济高质量发展。因此,需要加大生态环境保护力度,以实现经济可持续发展,加快推动经济高质量发展。首先,政府要通过开展植树造林、退耕还林等工程加大生

态环境保护和修复力度,从而实现经济高质量发展水平的进一步提高。其次,健全环境保护方面的法律法规,对于践行绿色环保理念的生产企业给予财政补贴和税收优惠,对于只顾生产效益、无视环境保护的企业给予行政处罚,对于违反环境保护法的企业依法进行法律制裁。再次,我国要加快培育绿色产业、构建绿色产业链,从底层技术研发入手使传统高耗能企业加快向绿色产业转型。最后,增强公众环境保护意识,鼓励公众从自身做起为环保出力,包括绿色出行、绿色消费等。

参考文献

[1][美]巴罗:《经济增长的决定因素》,李剑译,中国人民大学出版社 2004 年版。

[2][苏]卡马耶夫:《经济增长的速度与质量》,陈华山等译,湖北人民出版社 1983 年版。

[3][印]托马斯:《增长的质量》,王燕译,中国财政经济出版社 2001 年版。

[4]蔡昉、陆旸:《中国经济的潜在增长率》,《经济研究参考》2013 年第 24 期。

[5]蔡昉:《认识中国经济减速的供给侧视角》,《经济学动态》2016 年第 4 期。

[6]蔡跃洲、张钧南:《信息通信技术对中国经济增长的替代效应与渗透效应》,《经济研究》2015 年第 12 期。

[7]蔡跃洲:《数字经济的增加值及贡献度测算:历史沿革,理论基础与方法框架》,《求是学刊》2018 年第 5 期。

[8]曹静、周亚林:《人工智能对经济的影响研究进展》,《经济学动态》2018 年第 1 期。

［9］曹正勇：《数字经济背景下促进我国工业高质量发展的新制造模式研究》，《理论探讨》2018 年第 2 期。

［10］钞小静、惠康：《中国经济增长质量的测度》，《数量经济技术经济研究》2009 年第 6 期。

［11］钞小静、任保平：《中国经济增长质量的时序变化与地区差异分析》，《经济研究》2011 年第 4 期。

［12］陈飞、高铁梅：《结构时间序列模型在经济预测方面的应用研究》，《数量经济技术经济研究》2005 年第 2 期。

［13］陈晓红、胡东滨、曹文治、梁伟、徐雪松、唐湘博、汪阳洁：《数字技术助推我国能源行业碳中和目标实现的路径探析》，《中国科学院院刊》2021 年第 9 期。

［14］陈晓红、李杨扬、宋丽洁、汪阳洁：《数字经济理论体系与研究展望》，《管理世界》2022 年第 2 期。

［15］陈雪改、王飞：《基于灰色自适应等维递补算法的区域经济产值预测》，《计算机与数字工程》2017 年第 3 期。

［16］陈彦斌、林晨、陈小亮：《人工智能、老龄化与经济增长》，《经济研究》2019 年第 7 期。

［17］单豪杰：《中国资本存量 K 的再估算：1952～2006 年》，《数量经济技术经济研究》2008 年第 10 期。

［18］邓聚龙：《灰色系统基本方法》，华中理工大学出版社 1987 年版。

［19］丁守海、徐政：《新格局下数字经济促进产业结构升级：机理、堵点与路径》，《理论学刊》2021 年第 3 期。

［20］董倩、孙娜娜、李伟：《基于网络搜索数据的房地产价格预测》，《统计研究》2014 年第 10 期。

[21]董倩:《基于招聘网站访问活跃度的失业率变化趋势》,《调研世界》2017 年第 2 期。

[22]都阳、陆旸:《中国的自然失业率水平及其含义》,《世界经济》2011 年第 4 期。

[23]杜传忠、杨志坤:《我国信息化与工业化融合水平测度及提升路径分析》,《中国地质大学学报(社会科学版)》2015 年第5 期。

[24]冯鹏程:《大数据时代的组织演化研究》,《经济学家》2018 年第 3 期。

[25]冯润民、韩冬梅、顾宝炎:《基于竞争神经网络的宏观经济预警指标选取研究》,《现代管理科学》2009 年第 1 期。

[26]高煜:《我国经济高质量发展中人工智能与制造业深度融合的智能化模式选择》,《西北大学学报(哲学社会科学版)》2019 年第 5 期。

[27]龚玉婷、陈强、郑旭:《基于混频模型的 CPI 短期预测研究》,《统计研究》2014 年第 12 期。

[28]郭海、周曦曦、陈平:《数字经济时代的组织任务环境》,《兰州大学学报(社会科学版)》2019 年第 4 期。

[29]郭晗、任保平:《结构变动、要素产出弹性与中国潜在经济增长率》,《数量经济技术经济研究》2014 年第 12 期。

[30]郭燕、陈国华、陈之昶:《"互联网+"背景下传统零售业转型的思考》,《经济问题》2016 年第 11 期。

[31]郭豫媚、陈彦斌:《中国潜在经济增长率的估算及其政策含义:1979—2020》,《经济学动态》2015 年第 2 期。

[32]何丹:《遗传神经网络模型在 CPI 预测中的实证检验》,

《统计与决策》2017年第2期。

[33]何帆、刘红霞:《数字经济视角下实体企业数字化变革的业绩提升效应评估》,《改革》2019年第4期。

[34]何强:《要素禀赋、内在约束与中国经济增长质量》,《统计研究》2014年第1期。

[35]何玉长、方坤:《人工智能与实体经济融合的理论阐释》,《学术月刊》2018年第5期。

[36]何跃、侯婧:《生产价格指数对宏观经济预警与实证》,《统计与决策》2016年第20期。

[37]贺京同、潘凝:《基于模糊神经网络的宏观经济预警研究》,《预测》2000年第4期。

[38]洪银兴:《对新中国经济增长质量的系统评价》,《福建论坛(人文社会科学版)》2010年第7期。

[39]黄继鸿、雷战波、凌超:《经济预警方法研究综述》,《系统工程》2003年第2期。

[40]江小涓、罗立彬:《网络时代的服务全球化——新引擎、加速度和大国竞争力》,《中国社会科学》2019年第2期。

[41]江小涓:《高度联通社会中的资源重组与服务业增长》,《经济研究》2017年第3期。

[42]江小涓:《网络空间服务业:效率、约束及发展前景——以体育和文化产业为例》,《经济研究》2018年第4期。

[43]金碚:《关于"高质量发展"的经济学研究》,《中国工业经济》2018年第4期。

[44]荆文君、孙宝文:《数字经济促进经济高质量发展:一个理论分析框架》,《经济学家》2018年第2期。

[45]康伟、姜宝:《数字经济的内涵、挑战及对策分析》,《电子科技大学学报(社会科学版)》2018 年第 10 期。

[46]李俊霖:《经济增长质量的内涵与评价》,《生产力研究》2007 年第 15 期。

[47]李梦婉、沙秀艳:《基于 GM(1,1)灰色预测模型的改进与应用》,《计算机工程与应用》2016 年第 4 期。

[48]李胜:《贵州推动大数据与实体经济深度融合研究》,《贵州社会科学》2019 年第 8 期。

[49]李晓华:《数字经济新特征与数字经济新动能的形成机制》,《改革》2019 年第 11 期。

[50]李妍:《中国数字经济产出效率的地区差异及动态演变》,《数量经济技术经济研究》2021 年第 2 期。

[51]刘海英、张纯洪:《中国经济增长质量提高和规模扩张的非一致性实证研究》,《经济科学》2006 年第 2 期。

[52]刘汉、刘金全:《中国宏观经济总量的实时预报与短期预测——基于混频数据预测模型的实证研究》,《经济研究》2011 年第 3 期。

[53]刘军、杨渊鋆、张三峰:《中国数字经济测度与驱动因素研究》,《上海经济研究》2020 年第 6 期。

[54]刘淑春:《中国数字经济高质量发展的靶向路径与政策供给》,《经济学家》2019 年第 6 期。

[55]刘思峰:《灰色系统理论及其应用》,科学出版社 2014 年版。

[56]刘涛雄、徐晓飞:《互联网搜索行为能帮助我们预测宏观经济吗?》,《经济研究》2015 年第 12 期。

[57]刘奕、夏杰长:《共享经济理论与政策研究动态》,《经济学动态》2016年第4期。

[58]刘颖、吕本富、彭赓:《网络搜索对股票市场的预测能力:理论分析与实证检验》,《经济管理》2011年第1期。

[59]卢嘉瑞:《消费智能化:新一轮消费结构升级的重要引擎》,《管理学刊》2016年第5期。

[60]陆旸、蔡昉:《人口结构变化对潜在增长率的影响:中国和日本的比较》,《世界经济》2014年第1期。

[61]吕铁:《传统产业数字化转型的趋向与路径》,《人民论坛·学术前沿》2019年第18期。

[62]马晔晔:《区域信息化与工业化融合的影响因素实证研究》,《工业技术经济》2018年第1期。

[63]孟雪井、孟祥兰、胡杨洋:《基于文本挖掘和百度指数的投资者情绪指数研究》,《宏观经济研究》2016年第1期。

[64]裴长洪、倪江飞、李越:《数字经济学的政治经济学分析》,《财贸经济》2018年第9期。

[65]彭赓、苏亚军、李娜:《失业率研究——基于网络搜索数据及改进的逐步回归模型》,《现代管理科学》2013年第12期。

[66]戚聿东、褚席:《数字经济发展、经济结构转型与跨越中等收入陷阱》,《财经研究》2021年第7期。

[67]秦铮、王钦:《分享经济演绎的三方协同机制:例证共享单车》,《改革》2017年第8期。

[68]裘莹、郭周明:《数字经济推进我国中小企业价值链攀升的机制与政策研究》,《国际贸易》2019年第11期。

[69]渠慎宁:《区块链助推实体经济高质量发展:模式,载体

与路径》,《改革》2020年第1期。

[70]任保平、宋文月:《新一代人工智能和实体经济深度融合促进高质量发展的效应与路径》,《西北大学学报(哲学社会科学版)》2019年第5期。

[71]任保平、文丰安:《新时代中国高质量发展的判断标准、决定因素与实现路径》,《改革》2018年第4期。

[72]任保平:《经济增长质量:理论阐释、基本命题与伦理原则》,《学术月刊》2012年第2期。

[73]任保平:《数字经济引领高质量发展的逻辑、机制与路径》,《西安财经大学学报》2020年第2期。

[74]任乐、崔东佳:《基于网络搜索数据的国内旅游客流量预测研究——以北京市国内旅游客流量为例》,《经济问题探索》2014年第4期。

[75]师博:《人工智能促进新时代中国经济结构转型升级的路径选择》,《西北大学学报(哲学社会科学版)》2019年第5期。

[76]施莉、胡培:《国外信息技术资本投入经济价值测量方法比较及对我国的启示》,《科技进步与对策》2008年第9期。

[77]宋斌:《中国经济增长质量的测度与区域比较研究——基于包容性增长视角的分析》,《宏观质量研究》2013年第3期。

[78]宋洋:《经济发展质量理论视角下的数字经济与高质量发展》,《贵州社会科学》2019年第11期。

[79]宋洋:《数字经济、技术创新与经济高质量发展:基于省级面板数据》,《贵州社会科学》2020年第12期。

[80]孙毅、吕本富、陈航:《基于网络搜索行为的消费者信心指数构建及应用研究》,《管理评论》2014年第10期。

［81］王慧敏:《ARCH 预警系统的研究》,《预测》1998 年第 4 期。

［82］王君磊、王兆凯、杨晓明:《基于层次分析法的经济增长质量评价模型》,《统计与决策》2007 年第 12 期。

［83］王满仓、吴登凯:《中国经济高质量发展的潜在增长率研究》,《西安财经大学学报》2021 年第 2 期。

［84］王恕立、胡宗彪:《中国服务业分行业生产率变迁及异质性考察》,《经济研究》2012 年第 4 期。

［85］王伟玲、王晶:《我国数字经济发展的趋势与推动政策研究》,《经济纵横》2019 年第 1 期。

［86］王远方:《基于随机前沿分析的全要素生产率分解》,《西南民族大学学报》2016 年第 4 期。

［87］卫玲:《以人工智能推进"一带一路"建设的提质升级——基于马克思政治经济学的思考》,《西北大学学报(哲学社会科学版)》2019 年第 3 期。

［88］温忠麟、张雷、侯杰泰:《中介效应检验程序及其应用》,《心理学报》2004 年第 5 期。

［89］吴国培、王伟斌、张习宁:《新常态下的中国经济增长潜力分析》,《金融研究》2015 年第 8 期。

［90］伍戈、刘琨:《探寻中国货币政策的规则体系:多目标与多工具》,《数理统计与管理》2015 年第 1 期。

［91］向书坚、吴文君:《中国数字经济卫星账户框架设计研究》,《统计研究》2019 年第 10 期。

［92］肖宏伟、李辉:《中国经济潜在增长率测算及预测研究》,《海南金融》2014 年第 11 期。

［93］肖欢明：《基于绿色 GDP 的我国经济增长质量测度》，《统计与决策》2014 年第 9 期。

［94］谢富胜、吴越、王生升：《平台经济全球化的政治经济学分析》，《中国社会科学》2019 年第 12 期。

［95］谢康、肖静华、周先波等：《中国工业化与信息化融合质量：理论与实证》，《经济研究》2012 年第 1 期。

［96］谢莉娟：《互联网时代的流通组织重构——供应链逆向整合视角》，《中国工业经济》2015 年第 4 期。

［97］谢平、邹传伟、刘海二：《互联网金融的基础理论》，《金融研究》2015 年第 8 期。

［98］许朝阳、林毅夫：《技术进步、内生人口增长与产业结构转型》，《中国人口科学》2009 年第 1 期。

［99］许宪春、张美慧：《中国数字经济规模测算研究——基于国际比较的视角》，《中国工业经济》2020 年第 5 期。

［100］严红梅：《基于因子分析法的我国经济增长质量的实证分析》，《科技管理研究》2008 第 8 期。

［101］阎世平、武可栋、韦庄禹：《数字经济发展与中国劳动力结构演化》，《经济纵横》2020 年第 10 期。

［102］杨慧梅、江璐：《数字经济、空间效应与全要素生产率》，《统计研究》2021 年第 4 期。

［103］杨青峰、李晓华：《数字经济的技术经济范式结构、制约因素及发展策略》，《湖北大学学报（哲学社会科学版）》2021 年第 1 期。

［104］杨汝岱：《中国制造业企业全要素生产率研究》，《经济研究》2015 年第 2 期。

[105]杨树新、董纪昌、李秀婷:《基于网络关键词搜索的房地产价格影响因素研究》,《新疆财经大学学报》2013 年第 3 期。

[106]杨新铭:《数字经济:传统经济深度转型的经济学逻辑》,《深圳大学学报(人文社会科学版)》2017 年第 4 期。

[107]姚敏:《基于地区层面的经济增长质量的测度》,《统计与决策》2016 年第 21 期。

[108]袁富华:《长期增长过程的"结构性加速"与"结构性减速":一种解释》,《经济研究》2012 年第 3 期。

[109]袁吉伟:《总供给、总需求冲击与我国经济波动的关系——基于 SVAR 模型的实证》,《金融教学与研究》2013 年第 2 期。

[110]袁庆玉、彭赓、刘颖:《基于网络关键词搜索数据的汽车销量预测研究》,《管理学家(学术版)》2011 第 1 期。

[111]詹晓宁、欧阳永福:《数字经济下全球投资的新趋势与中国利用外资的新战略》,《管理世界》2018 年第 3 期。

[112]张崇、吕本富、彭赓:《网络搜索数据与 CPI 的相关性研究》,《管理科学学报》2012 年第 7 期。

[113]张戈、王洪海、朱婧:《企业信息化与工业化融合影响因素实证研究——基于山东省调查数据的结构方程模型分析》,《工业技术经济》2011 年第 9 期。

[114]张鸿、刘中、王舒萱:《数字经济背景下我国经济高质量发展路径探析》,《商业经济研究》2019 年第 23 期。

[115]张健华、王鹏:《中国全要素生产率:基于分省份资本折旧率的再估计》,《管理世界》2012 年第 10 期。

[116]张辽、王俊杰:《中国制造业两化融合水平测度及其收

敛趋向分析——基于工业信息化与信息工业化视角》,《中国科技论坛》2018 年第 5 期。

[117]张少华、蒋伟杰:《中国全要素生产率的再测度与分解》,《统计研究》2014 年第 3 期。

[118]张昕蔚:《数字经济条件下的创新模式演化研究》,《经济学家》2019 年第 7 期。

[119]张延林、王丽、谢康、张德鹏:《信息技术和实体经济深度融合:中国情境的拼创机制》,《中国工业经济》2020 年第 11 期。

[120]章样荪、贵斌威:《中国全要素生产率分析:Malmquist指数法评述与应用》,《数量经济技术经济研究》2008 年第 6 期。

[121]赵剑波:《推动新一代信息技术与实体经济融合发展:基于智能制造视角》,《科学学与科学技术管理》2020 年第 3 期。

[122]赵涛、张智、梁上坤:《数字经济、创业活跃度与高质量发展——来自中国城市的经验证据》,《管理世界》2020 年第 10 期。

[123]赵英才、张纯洪、刘海英:《转轨以来中国经济增长质量的综合评价研究》,《吉林大学社会科学学报》2006 年第 3 期。

[124]周五七:《"一带一路"沿线直接投资分布与挑战应对》,《改革》2015 年第 8 期。

[125]庄雷:《区块链与实体经济融合的机理与路径:基于产业重构与升级视角》,《社会科学》2020 年第 9 期。

[126] Askitas N., Zimmermann K. F., "The Internet as a Data Source for Advancement in Social Sciences", *International Journal of Manpower*, No.1, 2015.

[127] Acemoglu D., Restrepo P., "The Race between Man and

Machine: Implications of Technology for Growth, Factor Shares, and Employment", *American Economic Review*, Vol.108, No.6, 2018.

[128] Arthur W. B., "Complexity and Economy", *Science*, Vol.284, No.2, 1999.

[129] Barreira N., Godinho P., Melo P., "Nowcasting Unemployment Rate and New Car Sales in South-Western Europe with Google Trends", *Netnomics*, No.3, 2013.

[130] Baumol W.J., *Sue Anne Batey Blackman, Edward N. Wolff, Productivity and American Leadership, The Long View*, Cambridge: The MIT Press, 1991.

[131] Bukht R., Heeks R., "Defining, Conceptualising and Measuring the Digital Economy", *International Organizations Research Journal*, Vol.56, No.2, 2018.

[132] Dong L., Sun D., Han G., et al., "Velocity-free Localization of Autonomous Driverless Vehicles in Underground Intelligent Mines", *IEEE Transactions on Vehicular Technology*, No.2, 2020.

[133] Francesco D., *Predicting Unemployment in Short Samples with Internet Job Search Query Data*, Germany: University Library of Munich, 2009.

[134] Hsieh Y. J., Wu Y. J., "Entrepreneurship through the Platform Strategy in the Digital Era: Insights and Research Opportunities", *Computers in Human Behavior*, Vol.95, 2019.

[135] Iain M.C., Rebecca H., Scott S., "The Impact of Artificial Intelligence on Innovation", *National Bureau of Economic Research*

Working Paper, No.24449, 2018.

[136] Preis T., Reith D., Stanley H.E., *Complex Dynamics of Our Economic Life on Different Scales: Insights from Search Engine Query Data*, Philosophical Transactions of the Royal Society A: Mathematical, Physical and Engineering Sciences, 1933.

[137] Suhoy T., "Query Indices and a 2008 Downturn: Israeli Data", *Bank of Israel Working Papers*, 2009.

[138] Tae Yoon Kim., "Usefulness of Artificial Neural Networks for Early Warning System of Economic Crisis", *Expert Systems with Applications*, No.4, 2004.

[139] Wong, C.K., "Information Technology, Productivity and Economic Growth in China", *Economics Discussion*, *Working Papers*, 2007.